SOBRE A NATUREZA HUMANA

ROGER SCRUTON

SOBRE A NATUREZA HUMANA

Tradução de
LYA LUFT

1ª edição

EDITORA RECORD
RIO DE JANEIRO • SÃO PAULO
2020

CIP-BRASIL. CATALOGAÇÃO NA PUBLICAÇÃO
SINDICATO NACIONAL DOS EDITORES DE LIVROS, RJ

S441s

Scruton, Roger
    Sobre a natureza humana / Roger Scruton; tradução de Lya Luft. – 1ª ed. – Rio de Janeiro: Record, 2020.

    Tradução de: On human nature
    Inclui índice
    ISBN 978-85-01-11296-5

    1. Eu (Filosofia). I. Luft, Lya. II. Título.

CDD: 126
20-62167 CDU: 165.24

Vanessa Mafra Xavier Salgado – Bibliotecária – CRB-7/6644

Copyright © Princeton University Press, 2017

Título original em inglês: On human nature

Todos os direitos reservados. Proibida a reprodução, armazenamento ou transmissão de partes deste livro, através de quaisquer meios, sem prévia autorização por escrito.

Texto revisado segundo o novo Acordo Ortográfico da Língua Portuguesa.

Direitos exclusivos de publicação em língua portuguesa para o Brasil adquiridos pela
EDITORA RECORD LTDA.
Rua Argentina, 171 – 20921-380 – Rio de Janeiro, RJ – Tel.: (21) 2585-2000, que se reserva a propriedade literária desta tradução.

Impresso no Brasil

ISBN 978-85-01-11296-5

Seja um leitor preferencial Record.
Cadastre-se em www.record.com.br
e receba informações sobre nossos
lançamentos e nossas promoções.

EDITORA AFILIADA

Atendimento e venda direta ao leitor:
sac@record.com.br

Sumário

Prefácio   7

1. A espécie humana   9

2. Relações humanas   45

3. A vida moral   67

4. Obrigações sagradas   93

Índice onomástico   117

Índice por assunto   121

Prefácio

O livro que se segue é uma versão revisada das três palestras memoriais Charles E. Test que ministrei, sob os auspícios do Programa James Madison, na Universidade de Princeton durante o outono de 2013. Sou muito grato ao programa e a seu diretor, Robert P. George, pelo convite e pela hospitalidade demonstrada durante minha visita. E sou especialmente grato à animada audiência que sempre se pode esperar em Princeton e ao espírito de pensamento livre que prevalece por lá. Ao preparar as palestras para publicação, estou consciente de que elas são, no máximo, um resumo de minhas opiniões e não solucionam as dificuldades que ocorrerão ao leitor atento. Algumas dessas dificuldades foram abordadas em *A alma do mundo* e no quarto capítulo aqui acrescentado às palestras; outras devem esperar uma tentativa posterior ou, na ausência dela, acompanhar-me ao túmulo.

Os esboços iniciais foram revisados por Bob Grant, Alicja Gescinska e dois leitores anônimos da Princeton University Press, e eu me beneficiei enormemente das observações feitas pelos quatro.

Scrutopia, Páscoa de 2016.

1. A espécie humana

Nós, seres humanos, somos animais, governados pelas leis da biologia. Nossa vida e morte são processos biológicos de um tipo que também verificamos em outros animais. Temos necessidades biológicas, e somos influenciados e compelidos por genes com seus próprios imperativos reprodutivos. E esse imperativo genético se manifesta em nossa vida emocional de maneiras que nos fazem lembrar nosso corpo e seu poder sobre nós.

Séculos a fio, poetas e filósofos contaram histórias sobre o amor erótico — com Platão abrindo caminho. Essas narrativas dotaram o objeto do amor de valor, mistério e distinção metafísica que parecem colocá-lo fora da ordem natural. E, nessas histórias, a biologia dificilmente aparece, embora haja outras que quase não fariam sentido se não fosse pela nossa condição de animais reprodutivos, que estabeleceram seu nicho através da seleção sexual.

Somos criaturas territoriais, exatamente como chimpanzés, lobos e tigres. Reclamamos nosso território e lutamos por ele; nossos genes, que exigem o mesmo clamor exclusivo sobre o hábitat a fim de garantir sua replicação, dependem de nosso sucesso. Mas, quando lutamos, geralmente é em nome de algum ideal elevado: justiça, liberdade, soberania nacional — até mesmo Deus. Mais uma vez, parece que temos o costume de contar a nós mesmos histórias que não fazem referência alguma às realidades biológicas nas quais se enraízam.

Os mais nobres atributos humanos também têm seu embasamento biológico — ou pelo menos é o que parece. O autossacrifício que faz uma mulher deixar tudo de lado por seus filhos, a coragem que capacita seres humanos a suportar os maiores sofrimentos e perigos por algo que valorizam, até virtudes como temperança e justiça, que parecem exigir que superemos nossos próprios desejos — todas essas coisas pareceram, a muita gente, ter contrapartes entre os animais inferiores e exigir uma só explicação, que se possa generalizar entre as espécies. O afeto pessoal foi levado ao terreno da biologia, primeiro pela altamente metafórica e hoje amplamente desacreditada teoria da libido, de Freud, e, mais recentemente, pela teoria do apego (*attachment*), de John Bowlby, para quem amor, perda e luto devem ser explicados ao menos em parte como produtos filogenéticos de nossa necessidade de uma "base segura".[1] Bowlby foi um psiquiatra agudamente consciente de que seres humanos não apenas herdam suas capacidades emocionais, mas também as adaptam e refinam. Mesmo assim, ele descreveu amor, sofrimento e luto como processos biológicos, argumentando que "o laço da criança com sua mãe é a versão humana do comportamento comumente visto em muitas outras espécies animais".[2]

Colocando esse comportamento em seu contexto etológico, Bowlby conseguiu explicações muito mais plausíveis de nossas ligações primárias do que aquelas dadas por Freud e seus sucessores imediatos. Nossos afetos pessoais, argumentou ele, devem ser explicados em termos da função que exercem em nosso "ambiente de adaptação evolucionária", e a explicação não será baseada em termos que façam qualquer divisão ontológica radical entre nós e outros mamíferos. A descoberta do hormônio oxitocina e seus efeitos na predisposição de diferentes animais para relações afetivas com sua própria espécie encorajou ainda mais a visão de que o apego pode ser entendido e explicado sem referência às histórias com as quais nós humanos o adornamos.

Quando Darwin e Wallace abordaram pela primeira vez a ideia de seleção natural, surgiu o questionamento sobre se muitas características

---

[1] John Bowlby, *Attachment and Loss*, vols. 1-3 (Nova York: Basic Books, 1969-1980) [Ed. bras.: *Apego e perda*, vols. 1-3. São Paulo: Martins Fontes, 2002-2004]; John Bowlby, *A Secure Base* (Nova York: Routledge, 1988).
[2] Bowlby, *Attachment and Loss*, vol. 1, p. 183 [Ed. bras.: *Apego e perda*, vol. 1. São Paulo: Martins Fontes, 2002].

"superiores", como moralidade, autoconsciência, simbolismo, arte e emoções interpessoais, criam tal fissura entre nós e os animais "inferiores" a ponto de exigirem uma explicação diferente. Wallace primeiro pensou que não, mas mais tarde mudou de ideia, concluindo que há um salto qualitativo na ordem das coisas, colocando as faculdades mais elevadas da espécie humana numa categoria diferente dos traços que partilhamos com nossos vizinhos evolucionários. Como ele afirma, "somos dotados de poderes intelectuais e morais supérfluos aos requisitos evolucionários",[3] e assim a existência desses poderes não poderia ser explicada por uma seleção natural por aptidão.

Mas Darwin permaneceu ligado à visão de que *natura non facit saltus*, e ao escrever *A origem do homem* tentou mostrar que as diferenças entre humanos e outros animais, por maiores que sejam, podem mesmo assim ser reconciliadas com a teoria da evolução passo a passo.[4] Para Darwin, o senso moral é contínuo aos instintos sociais de outras espécies.[5] Através da teoria da seleção sexual, ele deu um relato aumentado das fontes das quais a seleção natural pode se alimentar, e deu a sugestão, retomada em nossos dias por Steven Pinker e Geoffrey Miller, de que muitas das faculdades "superiores" do homem, como arte e música, que diante disso parecem destituídas de uma função evolucionária, deveriam ser encaradas como resultado de uma seleção a nível sexual.[6] Darwin prosseguiu com um relato das emoções humanas no qual sua expressão em movimentos faciais e gestos se compara à expressão de emoções em outros animais: e seu objetivo em tudo isso foi

---

[3] A. R. Wallace, *Natural Selections and Tropical Nature: Essays on Descriptive and Theoretical Biology* (Londres: Macmillan, 1891). Ver também A. R. Wallace, *Darwinismo: uma exposição da teoria da seleção natural com algumas de suas aplicações*. São Paulo: Edusp, 2012, cap. 15.
[4] Charles Darwin, *The Descent of Man*, vol. 1 (Nova York: Appleton and Co., 1871) [Ed. bras.: *A origem do homem e a seleção sexual*. São Paulo: Hemus, 2002].
[5] Ibid., p. 71-72.
[6] Steven Pinker, *How the Mind Works* (Londres: Allen Lane, 1997), p. 522-524 [Ed. bras.: *Como a mente funciona*. São Paulo: Companhia das Letras, 1998]; Geoffrey Miller, *A mente seletiva: como a escolha sexual influenciou a evolução da natureza humana*. Rio de Janeiro: Campus, 2000.

sugerir que o lapso percebido entre nós e nossos primos evolucionários não prova uma origem separada.[7]

GENÉTICA E JOGOS

Essa controvérsia assumiu um caráter totalmente diferente desde a obra pioneira de R. A. Fischer sobre genética populacional.[8] Problemas com os quais Darwin lutou a vida inteira — a seleção sexual de traços disfuncionais (problema da cauda do pavão), por exemplo, ou o "altruísmo" de insetos (problema do formigueiro) — são radicalmente transformados quando o *locus* da evolução é visto como o gene autorreplicante, em vez do animal sexualmente reprodutivo.[9] E, como mostraram John Maynard Smith e G. R. Price num elegante ensaio,[10] o novo modo de encarar a seleção natural como governada pelas "estratégias" replicantes dos genes permite a aplicação de uma teoria de jogos à competição genética, que por sua vez fornece uma solução clara para outro problema famoso — o da agressão, notado por Darwin e verbalizado detalhadamente por Lorenz.[11] O cio em cervos pode ser compreendido como uma "estratégia evolucionariamente estável" que capacita os genes de cervos no cio a se reproduzirem e proverem os genes de corças com o melhor retorno pelo seu investimento reprodutivo. Essa abordagem, generalizada por R. Axelrod,[12] teve consequências profundas, por exemplo, mostrando que pode haver uma vantagem evolucionária na cooperação recíproca altruísta, mesmo quando ela não é parte da seleção

---

[7] Charles Darwin, *A expressão das emoções no homem e nos animais*. São Paulo: Companhia das Letras, 2000.
[8] R. A. Fischer, *The Genetical Theory of Natural Selection* (1930), ed. rev. (Nova York: Dover, 1858).
[9] Cf. o vívido relato de Helena Cronin, *A formiga e o pavão: altruísmo e seleção sexual de Darwin até hoje*. Campinas: Papirus, 1995.
[10] Maynard Smith e G. R. Price, "The Logic of Animal Conflict". *Nature* 246 (1973): p. 15-18.
[11] Konrad Lorenz, *Agressão*. Lisboa: Relógio D'Água Editores, 2001.
[12] R. Axelrod, *A evolução da cooperação*. São Paulo: Leopardo Editora, 2010.

de parentesco (como quando morcegos fêmeas presumidamente partilham sua ração de sangue com outras fêmeas malsucedidas de uma colônia). E sugeriu também uma teoria geral de "altruísmo" usada por seus apoiadores para explicar não apenas o inflexível autossacrifício da formiga soldado, mas também o sacrifício medroso, porém heroico, do soldado humano.[13] Em suma, parece que chegamos um passo mais perto da prova da afirmação de Darwin de que o senso moral é paralelo aos instintos sociais de outras espécies.

A abordagem genética tem seus críticos. Advogados da "seleção de grupo" argumentaram que a seleção tem de ocorrer em níveis mais elevados do que o do gene, se tivermos de dar conta de um comportamento socialmente tão complexo quanto a autolimitação das populações e os padrões dispersivos dos rebanhos.[14] Outros foram céticos quanto à ideia de que pode haver transições em pequena escala que conduzam, por uma cadeia de mudanças, do comportamento social de animais ao comportamento social de pessoas. Em especial, Chomsky argumentou que a aquisição da linguagem é uma questão de tudo ou nada, que envolve aquisição de uma capacidade regulada e criativa que não pode ser construída partindo de conexões singulares entre palavras e coisas.[15] Um chomskiano desaprovaria as tentativas de atribuir

---

[13] V. p. ex., Matt Ridley, *As origens da virtude: um estado biológico da solidariedade*. Rio de Janeiro: Record, 2000. É importante reconhecer que a abordagem da teoria do jogo ao altruísmo é diferente da teoria da "adequação inclusiva" defendida por W. D. Hamilton em "The Genetical Evolution of Social Behavior", *Journal of Theoretical Biology 7* (1964): p. 1-16, segundo a qual o altruísmo se estende à espécie e proporcionalmente ao grau de relacionamento desse tipo.

[14] V. C. Wynne-Edwards, *Animal Dispersion in Relation to Social Behavior* (Edimburgo: Oliver and Boyd, 1962). Aqui a inspiração original é Konrad Lorenz. Wyne-Edwards é criticado, de certa forma de modo agressivo, por Richard Dawkins em *The Selfish Gene* (1976) ed. rev. (Nova York: Oxford University Press, 1989), p. 7-10 [Ed. bras.: *O gene egoísta*. São Paulo: Companhia das Letras, 2007].

[15] Veja, em especial, Noam Chomsky, *Language and Mind* (1968) (Cambridge: Cambridge University Press, 2006), p. 62 [Ed. bras.: *Linguagem e mente*. São Paulo: Editora Unesp, 2009], em que a linguagem é descrita como "um exemplo de verdadeira emergência — a aparição de um fenômeno qualitativamente diferente num estágio específico da complexidade da organização".

linguagem aos animais — por exemplo, chimpanzés e golfinhos — que já foram recebidas com entusiasmo como prova de que eles são como nós, ou nós como eles.[16] Seja qual for o interesse nas conexões palavra-coisa/palavra-experiência que animais possam fazer, são conexões de um tipo radicalmente diferente daquelas embutidas numa gramática transformacional. São associações paulatinas que, desligadas de regras generativas e organização semântica, são veículos de pensamento, diálogo e interrogação tanto quanto os gritos de alerta de pássaros e macacos ou o abanar de rabo dos cachorros. Mais uma vez, a objeção não é amplamente considerada conclusiva, e alguns geneticistas desenvolveram teorias de "protolinguagem" que tentam mostrar que poderia haver avanços paulatinos em direção à competência linguística, e que esses avanços seriam selecionados no nível genético.[17]

GENES E MEMES

Sabemos que a espécie humana se adaptou ao seu ambiente; mas também sabemos que adaptou o ambiente a si mesma. Passou adaptações a suas crias não apenas geneticamente, mas também culturalmente. Modelou seu mundo através da informação, linguagem, trocas racionais. E, enquanto todos esses traços podem ser reconhecidos pela biologia e receber um lugar na teoria evolucionária,[18] tal teoria não implica primeira instância na replicação de genes, mas, antes, a reprodução de sociedades. Além disso, sociedades humanas não são apenas grupos de primatas que cooperam: são comunidades de pessoas que vivem em mútua avaliação, organizando seu mundo em termos de conceitos morais que indiscutivelmente não têm

---

[16] Sobre essas tentativas, ver Eugene Linden, *Apes, Men and Language* (Nova York: Saturday Review Press, 1974); sobre entusiasmo, Mary Midgley, *Beast and Man: The Roots of Human Nature* (Londres: Routledge, 1978), p. 215-251.
[17] Como exemplificam John Maynard Smith e Eörs Szathmáry, *The Major Transitions in Evolutions* (Oxford: W. H. Freeman, 1995), p. 303-308.
[18] Como exemplifica Kim Sterelny, em sua teoria da construção cumulativa de nichos. Ver o seu *Thought in a Hostile World: The Evolution of Human Cognition* (Oxford: Blackwell, 2003).

espaço nos pensamentos de chimpanzés. É possível que a ciência cognitiva um dia incorpore esses conceitos morais numa teoria do cérebro e suas funções, e que essa teoria seja uma teoria biológica. Mas sua verdade será testada contra as capacidades distintamente humanas, que, segundo Wallace, parecem "supérfluas para as exigências evolucionárias", e não contra os traços de nossa constituição biológica que dividimos com outros animais.

Porém filósofos que assim discutem veem-se confrontados com uma poderosa corrente de opinião que fluiu através de todos os canais da vida intelectual desde a publicação de *O gene egoísta*, de Richard Dawkins. A seleção natural pode dar conta de todos os fatos difíceis apresentados pela cultura humana, sugere Dawkins, desde que encaremos a cultura como algo que se desenvolve seguindo os mesmos princípios que os do organismo individual. Assim como o organismo humano é "uma máquina de sobrevivência", desenvolvida por genes autorreplicantes, uma cultura é uma máquina desenvolvida por "memes" autorreplicantes — entidades mentais que usam as energias dos cérebros humanos para se multiplicar, assim como vírus usam as energias das células. Como os genes, os memes precisam de *Lebensraum* (espaço vital), e seu sucesso depende de encontrarem o nicho ecológico que os capacite a gerar mais exemplares de sua espécie. Esse nicho é o cérebro humano.[19]

Um meme é uma entidade cultural autorreplicante que, alojada no cérebro de um ser humano, usa esse cérebro para se reproduzir — assim como um som popular se reproduz em murmúrios e assobios, se espalhando como uma epidemia pela comunidade humana, como aconteceu com "La Donna è mobile" depois da primeira apresentação do *Rigoletto*. Dawkins argumenta que ideias, crenças e atitudes são as formas conscientes assumidas por entida-

---

[19] Sobre várias tentativas de fornecer uma teoria memética da cultura, ver Robert Aunger (org.), *Darwinizing Culture: The Status of Memetics as a Science* (Cambridge: Cambridge University Press, 2000). A teoria do meme é desdenhosamente criticada por David Strove em "Genetic Calvinism, or Demons and Dawkins", em *Darwinian Fairytales: Selfish Genes, Errors of Heredity, and Other Fables of Evolution* (New York: Encounter Books, 2006), p. 172-197.

des autorreplicantes, que se propagam como as doenças, usando as energias de seus hospedeiros: "Assim como os genes se propagam no *pool* genético saltando de corpo em corpo via esperma ou óvulos, os memes se propagam no *pool* memético saltando de cérebro em cérebro através de um processo que, no sentido amplo, pode ser chamado imitação."[20] Dennett acrescenta que esse processo não é necessariamente prejudicial:[21] entre organismos parasitas, há tanto os simbióticos, que coexistem inocentemente com seus hospedeiros, quanto os mutualistas, que amplificam positivamente a habilidade do hospedeiro de sobreviver e florescer em seu ambiente.

Para tornar essa teoria remotamente plausível, devemos distinguir memes que pertencem à ciência de memes que são meramente "culturais". Memes científicos estão sujeitos a um policiamento efetivo pelo cérebro que os hospeda, que aceita ideias e teorias apenas como parte do seu próprio método orientado pela verdade. Memes meramente culturais estão fora do alcance da inferência científica e podem se rebelar, causando toda a sorte de desordens cognitivas e emocionais. Não estão sujeitos a nenhuma disciplina externa, como aquela contida no conceito de verdade, mas seguem seu próprio caminho reprodutivo, indiferentes aos objetivos do organismo que invadiram.

Essa ideia é atraente em um nível metafórico, mas o que realmente significa? Do ponto de vista da memética, ideias absurdas partem do mesmo ponto que teorias verdadeiras, e sua aceitação é uma honra retrospectiva concedida ao sucesso reprodutivo. A única distinção significativa a fazer em relação a esse sucesso é entre memes que melhoram a vida de seus hospedeiros e memes que destroem essa vida ou coexistem com ela simbioticamente. É uma das características distintivas dos seres humanos, porém, que possam separar uma ideia da realidade que ela representa, possam considerar proposições com as quais não concordam, e possam se mover como juízes no universo das ideias, convocando cada uma diante do tribunal

---

[20] Dawkins, *Selfish Gene* [Ed. bras.: *O gene egoísta*. São Paulo: Companhia das Letras, 2007].
[21] Daniel C. Dennett, *Quebrando o encanto*. Rio de Janeiro: Editora Globo, 2006.

da argumentação racional, aceitando e rejeitando-as independentemente do custo reprodutivo.

Não é apenas na ciência que se mantém essa postura de reflexão crítica. Matthew Arnold sabidamente descreveu a cultura como "uma busca de nosso aperfeiçoamento através do conhecimento, em todos os temas que mais nos interessam, do melhor que foi pensado e dito no mundo e, por meio dele, conduzir para nosso conjunto de hábitos e noções uma corrente de pensamento novo e livre".[22] Como tantas pessoas devotadas ao ponto de vista da ciência do século XIX, Dawkins ignora a reação do século XIX, que dizia: "Espere um minuto: ciência não é o único modo de perseguir o conhecimento. Há também um conhecimento moral, território da razão prática; há o conhecimento emocional, território da arte, literatura e música. E existe possivelmente um conhecimento transcendental, que é o território da religião. Por que privilegiar a ciência? Só porque ela pretende *explicar* o mundo? Por que não conferir peso às disciplinas que *interpretam* o mundo e nos ajudam a nos sentir em casa nele?"

Aquela reação nada perdeu de seu apelo. E aponta para uma fragilidade fundamental na "memética". Mesmo que haja unidades de informação memética, propagadas de cérebro a cérebro por algum processo de replicação, não são elas que aparecem na mente no pensamento consciente. Memes correspondem a ideias assim como genes correspondem a organismos: se é que eles realmente existem (e nenhuma evidência foi dada por Darwin ou qualquer outra pessoa para pensarmos que existam), então sua reprodução eterna e sem objetivo não nos interessa. Ideias, ao contrário, são parte da rede consciente do pensamento crítico. Recorremos a elas pela sua verdade, sua validade, sua propriedade moral, sua elegância, sua completude e seu charme. Nós as adotamos e rejeitamos, às vezes no curso de nossa busca por verdade e explicação, às vezes em nossa busca por significado e valor. E as duas atividades nos são essenciais. Embora cultura não seja ciência, é

---

[22] Matthew Arnold, *Culture and Anarchy: An Essay in Political and Social Criticism* (Londres, 1869).

mesmo assim uma atividade consciente da mente crítica. Cultura — tanto a cultura elevada de arte e música, como a cultura mais ampla corporificada na tradição moral e religiosa — seleciona ideias por suas qualidades intrínsecas. Ajuda a nos sentir em casa no mundo e a responder a seu significado pessoal. A teoria do meme nem nega essa verdade nem solapa a visão do século XIX de que a cultura, assim entendida, é tanto uma atividade da mente racional quanto é ciência.

CIÊNCIA E SUBVERSÃO

O conceito de meme pertence ao conjunto de conceitos subversivos — como a "ideologia" de Marx, o inconsciente de Freud, o "discurso" de Foucault — que pretendem desacreditar o preconceito comum. Ele procura expor ilusões e explicar nossos sonhos. Mas é ele mesmo um sonho: uma peça de ideologia, aceita não por sua veracidade, mas pelo poder ilusório que confere àquele que a conjura. Produziu alguns argumentos impactantes — como os defendidos por Daniel Dennett em *Breaking the Spell*. Mas tem a mesma falha para a qual pretende ser remédio: é um feitiço com o qual a mente científica procura anular as coisas que a ameaçam.

Refletindo sobre isso, parece-me claro que Wallace tinha certa razão na ênfase que dava aos traços que parecem colocar a humanidade num mundo à parte, embora certamente estivesse errado ao pensar nesses traços como "excedentes às exigências evolutivas", pois, se algum de nossos atributos é adaptativo, a racionalidade certamente é um deles. Mas, então, a racionalidade é, em um sentido dessa difícil expressão, "parte da nossa essência". Wallace, portanto, estava indicando o fato de que os seres humanos, mesmo sendo animais, pertencem a uma espécie que não ocupa, no esquema das coisas, um lugar comparável ao de outros animais. E a controvérsia *filosófica* aqui — controvérsia adjacente àquela entre biólogos e psicólogos evolucionários relativa à importância da cultura — é exatamente a controvérsia sobre a natureza humana: a que espécie pertencemos?

Dawkins se propõe a explicar metas e escolhas racionais em termos de materiais genéticos que não fazem escolhas. Ele descreve esses materiais como entidades "egoístas" motivadas por uma "meta" reprodutiva, mas (pelo menos em seus momentos menos retóricos) reconhece que genes não são nem podem ser egoístas, pois egoísmo é um traço humano, a ser caracterizado em termos de suas disposições e projetos racionais.[23] Numa teoria biológica coerente todos esses idiomatismos teleológicos têm de ser substituídos por explicações funcionais.[24] E é isso que o recurso à teoria dos jogos e instrumentos similares deveria autorizar. Um jogador quer ganhar, por isso adota uma estratégia vencedora: isso é uma explicação teleológica para esse comportamento. A seleção natural nos diz que estratégias vencedoras serão selecionadas mesmo quando descrevem o comportamento de genes que não querem coisa nenhuma. Isso é uma explicação funcional, que nada diz sobre nossas intenções, objetivos ou metas.

Explicações funcionais têm um lugar central na biologia.[25] O fato de pássaros terem asas se explica pela função das asas, para capacitá-los para o voo. O processo da mutação aleatória produz a certa altura uma criatura alada: e, na competição por recursos escassos, essa criatura tem a vantagem decisiva sobre seus rivais. Note-se, porém, que essa referência à função traz apenas uma explicação causal porque é suplementada pela teoria de mutação aleatória — que nos diz *como* a existência de um traço é causada pela sua função. Esse ponto pesa muito sobre as "explicações" de altruísmo e moralidade apresentadas por Axelrod e Maynard Smith.

---

[23] No entanto, David Stove analisa Dawkins por sua constante referência ao "egoísmo" e sua falha em dizer o que isso poderia possivelmente significar nesse contexto; ver Stove, "Genetic Calvinism".
[24] A substituição do pensamento teleológico pela explicação funcional é o tema do livro subsequente de Dawkins, *O relojoeiro cego*. São Paulo: Companhia das Letras, 2001. Para uma discussão esclarecedora sobre explicações funcionais e sua aplicação fora da biologia, ver G. A. Cohen, *A teoria da história de Karl Marx: uma defesa*. Campinas: Editora Unicamp, 2013.
[25] Ver Ron Amundson e George V. Lauder, "Function without Purpose: The Use of Casual Role Function in Evolutionary Biology", em D. Hull e M. Ruse (orgs.). *The Philosophy of Biology*, Oxford Readings in Philosophy (Oxford: Oxford University Press, 1998), p. 227-257 [Ed. bras.: *A filosofia da ciência biológica*. Rio de Janeiro: Zahar, 1975].

Uma população geneticamente avessa à cooperação, ao afeto parental, ao autossacrifício em favor das crianças, à restrição sexual e ao controle da violência é uma população dotada de traços disfuncionais no que concerne à reprodução. E assim ela vai desaparecer. Mas dessa verdade trivial nada podemos deduzir sobre as causas da conduta moral ou pensamento moral e nada sobre seus fundamentos. Não se segue que a moralidade seja o resultado de seleção natural e não de uma seleção de grupo dentro da espécie; nem se segue que a moralidade se origine da nossa constituição biológica antes do que nos efeitos do pensamento racional. De fato, nada surge que possa servir para contornar ou solapar a obra da filosofia na exploração dos fundamentos do juízo moral e seu lugar na vida de um ser racional.

É uma verdade trivial que atributos disfuncionais desapareçam; é uma afirmação teórica substancial que os atributos funcionais existam *por causa* de sua função.[26] E, até a teoria ser produzida, essa pretensão não tem peso intelectual. Pode-se pensar que a genética fornece a teoria necessária: pois implica que altruísmo é a solução "evolucionariamente estável" para a competição genética dentro da nossa espécie. Mas essa explicação só fornece uma condição *suficiente* para o "altruísmo", e apenas redescrevendo altruísmo em termos que contornam os reinos mais elevados do pensamento moral. Se Kant está certo quanto ao imperativo categórico, então há uma condição suficiente independente, isto é, a racionalidade, que nos manda agir segundo a máxima que, através de nossa vontade, podemos chamar de lei universal.

Além disso, a razão prática explica não apenas o altruísmo, na descrição minimalista favorecida pelos geneticistas, mas também a superestrutura do pensamento moral e da emoção. Também sugere uma teoria da *espécie a que pertencemos*, que não concorda com aquela sugerida pela explicação,

---

[26] Penso que se pode construir uma objeção similar contra a defesa da teoria da história de Marx apresentada por G. A. Cohen (*A teoria da história de Karl Marx*). Quer essas disfunções institucionais desapareçam, não é motivo para pensar que a existência de uma instituição se deve à sua função.

baseada na teoria dos jogos, do autossacrifício genético. Segundo Kant, a espécie a que pertencemos é a das *pessoas*, e por natureza pessoas são livres, autoconscientes, agentes racionais, obedientes à razão e ligadas a uma lei moral. Segundo a teoria do gene egoísta, a espécie a que pertencemos é a do *animal humano*, e humanos são por natureza subprodutos complicados do seu DNA. Kant pensava que sua teoria erguia o ser humano "infinitamente acima de todas as outras criaturas do mundo".[27] Mas também é verdade que sua teoria admite que seres não humanos possam pertencer à mesma espécie que nós: anjos, por exemplo, e talvez também os golfinhos. A teoria do gene egoísta rejeitaria essa sugestão como absurda.

Nas mãos dos que as popularizaram, as ciências biológicas são usadas para reduzir a condição humana a algum tipo de arquétipo mais simples, presumindo que o que somos é o que um dia fomos, e que a verdade sobre a espécie humana está contida em nossa genealogia. A onda prévia de genética populacional, que se intitulava "sociobiologia", apareceu com conclusões deliberadamente perturbadoras, como essa: "A moralidade não tem outro objetivo demonstrável senão manter intacto o material genético humano."[28] Tais conclusões dependem de usar a linguagem do senso comum, ao mesmo tempo cancelando os pressupostos dos quais os termos do senso comum dependem para seu significado. Esse truque pode ser aplicado a quase todas as áreas do pensamento humano, e nunca é mais eficiente do que quando usado para ridicularizar nossas ideias morais e religiosas. Pessoas comuns estão na posição desafortunada de acreditar em coisas que são verdadeiras, mas que não podem defender por nenhum argumento racional que resista à força do raciocínio científico, por mais maculado que seja tal raciocínio. Assim, atacando crenças comuns — crenças que, se embasadas, o são por

---

[27] Immanuel Kant, *Anthropology from a Pragmatic Point of View*, Robert Louden e Manfred Kuehn (org.) (Cambridge: Cambridge University Press, 2006), p. 1 [Ed. bras.: *Antropologia de um ponto de vista pragmático*. São Paulo: Iluminuras, 2006].
[28] E. O. Wilson, *On Human Nature* (Cambridge, Mass.: Harvard University Press), p. 168 [Ed. bras.: *Da natureza humana*. São Paulo: Edusp, 1981].

fé religiosa e não por argumento científico —, os cientistas ganham pontos fáceis, e ocultam a fragilidade do seu argumento.[29]

COMPREENDENDO O RISO

Não nego que somos animais nem discordo da doutrina teológica de que nossas funções biológicas são parte integral de nossa natureza e objeto de escolhas morais fundamentais.[30] Mas quero levar a sério a sugestão de que devemos ser compreendidos através de outra ordem de explicações que não as oferecidas pela genética, e que pertencemos a uma espécie que não é definida pela organização biológica de seus membros. A teoria do "gene egoísta" pode ser uma boa explicação para a origem do ser humano: mas o que uma coisa é, e como se tornou isso, são duas questões diferentes, e a resposta à segunda pode não ser a resposta à primeira. Pode ser impossível compreender a pessoa humana explorando a evolução do animal humano, assim como é impossível descobrir o significado de uma sinfonia de Beethoven rastreando o processo de sua composição.

Consideremos um dos traços humanos que nos distinguem de outras espécies: o riso. Nenhum outro animal ri. O que chamamos risada da hiena é um som da sua espécie, que por acaso lembra a risada humana. Para ser um verdadeiro riso, teria que ser uma expressão de divertimento — rir *de* alguma coisa, com base num padrão complexo de pensamento. É verdade que também existe um "riso diante do que deixa de nos divertir", como diz Eliot. Mas entendemos esse riso "vazio" como desvio do caso central, que

---

[29] Essa acusação foi fortemente levantada contra Dawkins no contexto da série original de TV *The Selfish Gene*, por Mary Midgley (*Beast and Man*, p. 102-103). Se as objeções de Midgley são justas, este é um ponto a ser discutido, mas ela merece crédito por reconhecer que o desafio apresentado por Dawkins vai ao cerne da antropologia filosófica. Suas críticas aos autores da sociobiologia são mais pertinentes e foram ampliadas em seu *Evolution as a Religion*, ed. rev. (Londres: Routledge, 2002).
[30] Esse ponto de vista é defendido de modo eloquente pelo papa João Paulo II na encíclica *Veritatis Splendor*, 6 de agosto de 1993, seções 47 ss.

é divertimento. Mas o que é divertimento? Parece-me que nenhum filósofo jamais falou diretamente sobre isso. A descrição de Hobber da risada como uma "súbita glória" tem certa qualidade mágica; mas "glória" sugere que todo riso é uma forma de triunfo, o que certamente está longe da verdade. Schopenhauer, Bergson e Freud tentaram identificar o pensamento peculiar que reside no coração do riso: nenhum, eu acho, com nada além de um sucesso parcial.[31] Helmuth Plessner encarava riso e pranto como chaves da condição humana, traços que tipificam o que nos distingue.[32] Mas sua linguagem fenomenológica é opaca e não conduz a nenhuma análise clara nem do riso nem das lágrimas.

Uma argumentação que pode avançar razoavelmente, entretanto, é a de que o riso expressa uma habilidade de aceitar nossas inadequações tão humanas: rindo, podemos atrair a comunhão de sentimentos que nos vacina contra o desespero. Esse fato em relação ao riso — que ele aponta para uma comunidade de sentimentos — foi bem apresentado por Frank Buckley.[33] Mas dessa sugestão segue-se outra. Somente um ser que faz julgamentos pode rir. Tipicamente, rimos de coisas que *falham*, ou gracinhas que colocam nossas ações lado a lado com as aspirações que ridicularizam. Se a risada das crianças parece não se adequar a essa sugestão, é em grande parte porque os julgamentos das crianças, assim como a risada que brota deles, são estágios embrionários a caminho da plenitude da capacidade de avaliação social que é a base da vida adulta. Crianças se divertem com coisas porque, à sua maneira, comparam essas coisas com as normas que elas desafiam. Supostos casos de divertimento em chimpanzés deveriam ser entendidos, penso eu, de maneira similar.[34]

---
[31] Ver R. Scruton, "Laughter", em *The Aesthetic Understanding* (Londres: Methuen, 1982), p. 180-194.
[32] Helmuth Plessner, *Laughing and Crying: A Study in the Limits of Human Behavior*, trad. J. Spencer Churchill e Marjorie Grene (Evanston: Northwestern University Press, 1970).
[33] F. H. Buckley, *The Morality of Laughter* (Ann Arbor: University of Michigan Press, 2003).
[34] Como exemplo, ver o caso de Roger e Lucy — dois chimpanzés com alguma competência em "Ameslan" [*American Sign Language*, a linguagem de sinais norte-americana], descrita em Linden, *Apes, Men and Language*, p. 97.

Criaturas persuadidas por seus mestres humanos a chegarem à beira do julgamento também estão à beira do divertimento. E, chegando a esse limite, revelam como é amplo para elas o abismo que as crianças humanas atravessarão num simples passo.

Por isso, para explicar o riso deveríamos ter de explicar os processos de pensamento peculiares envolvidos em nosso julgamento dos outros; deveríamos ter de explicar o prazer que sentimos quando ideal e real entram em conflito, e também a peculiar intencionalidade social desse prazer. Naturalmente podemos testar esse tipo de explicação postulando programas cognitivos no cérebro humano, e o *wetware* (sistema nervoso) biológico em que são impressos. Mas até agora a explicação ainda será mera especulação, com pouca ou nenhuma contribuição da genética.

Prevejo psicólogos evolucionistas oferecendo a seguinte explicação do riso. Rindo juntos de nossos erros, eles poderão dizer, nós os aceitamos, e isso facilita a cooperação com nossos vizinhos imperfeitos, uma vez que neutraliza a raiva por nossas inadequações partilhadas. Assim uma comunidade de pessoas que riem teria uma vantagem competitiva sobre uma comunidade de indivíduos sem humor. Um momento de reflexão vai revelar o vazio dessa explicação. Pois ela assume o que precisa explicar, ou seja, que o riso promove cooperação. Admito que meu modo de descrever o riso sugere isso. Mas sugere por uma via bem diferente do que aquela apresentada pela biologia ou a teoria genética.

Eu descrevia um processo de pensamento, envolvendo conceitos como falta e ideal que não têm lugar claro na biologia evolutiva como a conhecemos. Eu presumia que o riso é uma expressão de entendimento e que esse entendimento pode ser partilhado. E em nenhum momento presumi que partilhar o riso beneficiasse os genes de ninguém, em nenhum dos modos apresentados pela teoria genética. Na verdade, no que concerne ao meu relato, o riso pode ser um subproduto inteiramente redundante da vida humana. Parece que não é assim simplesmente por causa de meu relato, que não é de modo algum um relato científico, mas um exercício daquilo que Dilthey chamou *Verstehen* — a compreensão da ação humana em termos de seu significado social, e não de sua causa biológica.³⁵

Suponhamos que um grupo de zoólogos encontrasse uma espécie que se sentasse em grupos, apontando o dedo e emitindo sons que parecessem risadas. Como explicariam tal comportamento? *Primeiro* precisariam saber se o que observaram era riso de verdade. Em outras palavras, teriam de saber se aquelas criaturas estavam rindo *de* alguma coisa e apontando *para* alguma coisa. E esse termo *para* não se rende facilmente à análise científica. É uma marca de intencionalidade, a "orientação mental para um objeto", como descreveu Brentano,³⁶ e só pode ser decifrada se formos capazes de interpretar os processos de pensamento dos quais surge o comportamento em questão. Por isso, todo o trabalho de explicação depende de um trabalho anterior de interpretação, cujo objetivo é resolver a questão se essas criaturas são como nós por se divertirem com coisas ou se, ao contrário, não são nada parecidas conosco e seu comportamento que parece risada ainda precisa ser explicado de outra maneira. Se chegarmos a essa segunda conclusão, o aparato da etologia pode ser trazido para o caso: podemos começar perguntando que função esse comportamento que parece riso pode ter, no sentido de assegurar um nicho ecológico para os genes de quem o pratica. Se chegarmos à primeira conclusão, precisaremos entender essas criaturas como entendemos uns aos outros — em termos de como conceitualizam o mundo e os valores que motivam sua resposta a ele.

Usei a expressão "como nós", implicando que o divertimento é uma de nossas características. E a questão que enfrentamos é como devemos interpretar essa expressão. O que queremos dizer quando nos referimos a "criaturas como nós"? Queremos incluir apenas os humanos? Ou temos em mente uma categoria mais ampla, ou talvez mais estreita? Homero nos

---

³⁵ V. Rudolf Makkreel, *Dilthey: Philosopher of the Human Studies* (Princeton: Princeton University Press, 1993.) Atualmente, Makkreel está editando uma edição inglesa acurada e erudita das obras de Dilthey, sendo publicada também pela Princeton University Press.
³⁶ Franz Brentano, *Psychology from an Empirical Standpoint,* trad. L. McAlister (Londres: Routledge, 1974), p. 77.

fala do "riso dos deuses", e Milton fala do riso entre os anjos. Aqui está o início de um profundo problema metafísico. Pertencemos a uma espécie natural, a espécie *Homo sapiens sapiens*, que é uma espécie biológica. Mas, quando falamos em "criaturas como nós", parece que não nos referimos necessariamente aos membros da nossa espécie.

Uma última questão sobre o riso. Assim como o descrevi, o riso parece ter um efeito benéfico sobre comunidades humanas: os que riem juntos também ficam mais unidos e, através do riso, conquistam uma tolerância mútua quanto a seus tão humanos defeitos. Mas nem tudo que confere um benefício tem uma função. Comportamentos inteiramente redundantes — pular de alegria, ouvir música, observar pássaros, rezar — podem conferir benefícios enormes. Ao chamá-los de redundantes, quero dizer que aqueles benefícios são o efeito do comportamento, não sua causa. É assim que funciona o riso. Há comunidades de gente sem humor nas quais o riso é percebido como uma ameaça, e severamente punido. Mas a comunidade sem humor não é disfuncional por causa disso; ela é, em si, tão bem equipada para sobreviver quanto uma comunidade de comediantes. Pode-se argumentar, de fato, que o puritanismo sem humor dos colonizadores de Massachusetts foi um estímulo importante para suas estratégias de sobrevivência durante os primeiros anos. Mas aquilo que lhes faltava mesmo assim teria sido um benefício para eles, uma vez que o riso é algo que seres racionais apreciam.

A GENEALOGIA DA CULPA

Volto-me agora para outro traço da condição humana que nos separa de nossos parentes símios: a responsabilidade. Nós nos consideramos mutuamente responsáveis pelo que fazemos, e como resultado disso entendemos o mundo de uma forma sem paralelo nas vidas de outras espécies. Nosso mundo, diferentemente do ambiente de um animal, tem direitos, méritos e deveres; é um mundo de sujeitos autoconscientes, em que os fatos são divididos entre livres e não livres, os que têm motivações e os meramente causados, os que nascem de um sujeito racional e os que irrompem na corrente de objetos sem intenção consciente. Pensando no mundo dessa maneira, reagimos a ele com emoções que ficam além do repertório de outros animais: indignação, ressentimento e inveja; admiração, compromisso e louvor — tudo envolvendo a ideia de que os outros são sujeitos responsáveis, com direitos, deveres, e uma visão consciente do seu futuro e passado. Só seres responsáveis podem sentir essas emoções e, ao senti-las, eles, de certo modo, se situam fora da ordem natural, afastados dela em função da capacidade de julgamento. De Platão a Sartre, filósofos diferiram radicalmente em suas tentativas de dar conta desses traços peculiares da condição humana — mas quase todos concordaram em procurar uma explicação antes filosófica do que científica.

Há uma exceção histórica interessante a essa afirmação, porém, e é a de Nietzsche, que, em *A genealogia da moral*, tenta explicar as origens da responsabilidade de um modo que antecipa as tentativas mais recentes dos geneticistas de explicar a vida moral em termos de estratégias de sobrevivência que tragam benefício a nossos genes. Nietzsche vê a sociedade humana primeva reduzida a uma escravidão quase universal pelas "bestas predadoras", como as chama — isto é, os egoístas fortes, afirmativos, saudáveis, que impõem aos outros seus desejos pela força de sua natureza. A raça dominante mantém sua posição punindo qualquer desvio por parte dos escravos — assim como punimos um cavalo desobediente. Os escravos, tímidos e desmoralizados demais para se rebelarem, recebem o castigo como retribuição. Por não poderem exercer vingança, os escravos voltam seu ressentimento sobre si mesmos, pensando na sua condição como de alguma forma merecida, uma recompensa justa por suas transgressões internas. Assim nascem o sentimento de culpa e a ideia de pecado. Do *ressentimento* do escravo, como o chama, Nietzsche deriva uma explicação de toda a visão teológica e moral do Cristianismo.

Segundo a genealogia de Nietzsche, a raça dominante lucra com a sujeição dos escravos — e pode-se considerar isso a premissa de uma explicação protobiológica, e mesmo protogenética, de sua estratégia social. A raça dominante assegura sua posição por um regime de punições, e com o tempo a punição é internalizada pelo escravo para engendrar ideias de culpa, recriminação, merecimento e justiça. Mas por que o escravo entenderia punição nesses termos elaborados e moralizantes? Por que a internalização do castigo levaria antes à *culpa* que ao *medo*? Um cavalo certamente teme o chicote. Mas quando foi que ele se sentiu culpado por provocá-lo? Por que o exercício original da força é visto como *punição* em lugar de mera necessidade de parte daquele que a inflige?

Qual é, afinal, a distinção entre sofrimento infligido como meio de assegurar objetivos e sofrimento infligido como castigo? Certamente a diferença reside na mente do agente. O treinador pensa que o sofrimento que inflige é *necessário*; aquele que castiga pensa que é *devido*. Que é devido significa que é merecido, e que é merecido significa que pode ser justa e corretamente infligido. Em suma, punição é uma ideia moral, a ser elaborada em termos daqueles conceitos de justiça, merecimento e responsabilidade que Nietzsche deveria estar explicando. Sua genealogia da moral só funciona porque ele leu retroativamente na causa todos os traços inexplicados do efeito. Em outras palavras, não é de modo algum uma genealogia, mas sim o reconhecimento de que a condição humana, seja qual for a forma primitiva em que a imaginemos, é a condição das "criaturas como nós", que riem e choram, louvam e acusam, recompensam e castigam — isto é, vivem como seres responsáveis, que dão conta de suas ações.[37]

Há outras verdades momentosas sobre a condição humana que, seguidamente ignoradas ou diminuídas pelos pensadores de inclinação biológica, ocupam um lugar central na visão das pessoas comuns: por exemplo, há o fato de que somos pessoas que regulamos nossas comunidades através de leis que atribuem deveres e direitos. Alguns filósofos — notavelmente Aquino, mas também Locke e Kant — argumentam que é "pessoa", não "ser humano", o verdadeiro nome da nossa espécie. E isso apresenta uma questão metafísica

---

[37] A derivação que Nietzsche tenta fazer do sentimento moral tem sido realizada do ponto de vista da biologia evolucionária por Philip Kitcher em *The Ethical Project* (Cambridge, Mass.: Harvard University Press, 2011). Os leitores de Kitcher devem julgar se ele obteve sucesso ao explicar a emergência do sentimento moral sem presumi-lo.

exposta por Locke e ainda discutida, que é a da identidade pessoal. Qual é a relação entre "mesma pessoa" e "mesmo ser humano" quando se afirmam as duas coisas sobre Jill? Que descrição combina com a espécie fundamental sob a qual Jill é individualizada e reidentificada? Menciono essa questão não para sugerir uma resposta, mas a fim de sublinhar as dificuldades enfrentadas pela visão de que Jill de algum modo é redutível ao processo biológico que a explica.[38] Em que condições esses processos reproduzem a pessoa que Jill *é*?

Existe também a divisão que separa criaturas meramente conscientes de criaturas *auto*conscientes como nós. Só as segundas têm uma perspectiva genuína de "primeira pessoa" a partir da qual podem distinguir entre como as coisas parecem *a mim* e como parecem *para você*. Criaturas com a ideia do "eu" têm uma habilidade de se relacionar com outras de sua espécie que as separa do resto da natureza, e muitos pensadores (Kant, Fichte e Hegel, sobretudo) acreditam que é esse fato, não o da consciência em si, que cria ou revela os mistérios centrais da condição humana. Embora cachorros tenham consciência, não refletem sobre a sua própria consciência como nós fazemos: eles vivem, como disse Schopenhauer, num "mundo de percepções", seus pensamentos e desejos se voltam para fora, para o mundo perceptível.

Tentei ilustrar o modo como, a fim de construir vívidas explicações biológicas para nossa vida mental, somos tentados a ler retroativamente na biologia todas as coisas que ela deveria estar tentando explicar. Para buscar uma teoria plausível da natureza humana, primeiro devemos resistir a essa tentação. E estar preparados a admitir que tais leis do ser-espécie como as estabelecemos — leis da genética e a explicação funcional de características herdadas — ainda não são capazes nem de descrever nem de explicar nosso comportamento normal. Elas falham diante desse objetivo, pelo simples motivo de que aquilo que somos não é o que assumem que nós sejamos. Certamente somos animais; mas também somos pessoas encarnadas, com capacidades cognitivas não partilhadas por outros animais, e que nos dotam

---

[38] Movimentos em direção dessa resposta são dados por David Wiggins, *Sameness and Substance Renewed* (Cambridge: Cambridge University Press, 2001), cap. 7.

de uma vida emocional inteiramente distinta — dependente dos processos de pensamento autoconsciente únicos da nossa espécie.

A PESSOA ENCARNADA

Isso nos leva de volta ao problema da relação entre o animal humano e a pessoa. Esse problema, conforme eu o vejo, não é biológico, mas filosófico. Posso apenas fazer uma sugestão em resposta a isso — sugestão que tem algo em comum com o que Aristóteles quis dizer ao descrever a alma como a forma do corpo, e com o que Aquino quis dizer quando argumentou que, embora sejamos individualizados através de nossos corpos, *aquilo* que é assim individualizado não é o corpo, mas a pessoa.[39] Sugiro que compreendamos a pessoa como uma entidade emergente, enraizada no ser humano, mas pertencente a outra ordem de explicação que aquelas exploradas pela biologia.

Uma analogia pode nos ajudar. Quando pintores aplicam tinta na tela, criam objetos físicos por meios puramente físicos. Qualquer um desses objetos é composto de áreas e linhas de tinta, arranjadas numa superfície que podemos contemplar, em favor do argumento, como bidimensionais. Quando olhamos a superfície da pintura, vemos aquelas áreas e linhas de tinta, mas também a superfície que as contém. Mas não é só isso que enxergamos. Vemos, por exemplo, um rosto que nos encara com olhos sorridentes. Em certo sentido o rosto é uma propriedade da tela, para além dos borrões de tinta, pois podemos observar os borrões e não ver o rosto, e vice-versa. E o rosto está realmente ali: quem não enxergar isso, não enxerga bem. Por outro lado, há um sentido em que o rosto não é uma propriedade adicional da tela, para além das linhas e borrões. Pois assim que linhas e borrões estiverem ali, o rosto também estará. Nada mais tem de ser acrescido a fim de gerar o rosto — e, se nada mais tem de ser acrescido, certamente o rosto

---

[39] Aristóteles, *De Anima*; Tomás de Aquino, *Summa Theologiae*, 1, 19, 4.

não é nada mais. Além disso, cada processo que produz apenas esses borrões de tintas arranjados exatamente desse modo vai produzir exatamente esse rosto — ainda que o artista nem se dê conta do rosto. (Imagine como você desenvolveria uma máquina para produzir Mona Lisas.)

Talvez a pessoalidade seja um traço "emergente" do organismo dessa forma: não algo para além da vida e comportamento em que a observamos, mas também não redutível a eles. A pessoalidade emerge quando é possível identificar-se com um organismo de um modo novo — o modo das relações pessoais. (De maneira semelhante, podemos nos identificar com um quadro figurativo de um jeito que não é possível em relação a algo que vemos apenas como distribuição de pigmentos.) Com essa nova ordem de identificação vem uma nova ordem de explicação, em que se buscam mais raciocínios e significados do que causas para responder à pergunta "Por quê?". Dialogamos com pessoas: nós as convocamos para que justifiquem sua conduta aos nossos olhos, como nós devemos justificar a nossa conduta aos olhos delas. Centrais a esse diálogo são conceitos de liberdade, escolha e responsabilidade, e esses conceitos não têm lugar na descrição do comportamento animal, assim como o conceito de ser humano não tem lugar na descrição da constituição física de um quadro, embora seja um quadro em que aparecem seres humanos.

Outro pensamento ajuda na descrição da relação entre pessoas e seus corpos, primeiramente expresso por Kant e depois enfatizado por Fichte, Hegel, Schopenhauer e toda uma corrente de pensadores até Heidegger, Sartre e Thomas Nagel. Como sujeito autoconsciente eu tenho um ponto de vista do mundo. O mundo *parece* de certo jeito para mim, e esse "parecer" define minha perspectiva única. Cada ser autoconsciente tem essa perspectiva, uma vez que é isso que significa ser um sujeito consciente. Quando faço um relato científico do mundo, porém, estou descrevendo apenas objetos. Estou descrevendo o modo como as coisas são, e as leis causais que as governam. Essa descrição não é dada de nenhuma perspectiva particular. Não contém palavras como *aqui, agora* e *eu*; e, na medida em que se destina a explicar como as coisas se parecem, faz isso fornecendo uma teoria de como elas são.

Em suma, o sujeito é em principio inobservável para a ciência, não porque exista em outro reino, mas porque não é parte do mundo empírico. Reside no limite das coisas, como um horizonte, e jamais poderá ser captado "do outro lado", o lado da subjetividade em si. Será parte do mundo real? Essa questão com certeza é verbalizada de modo errado, pois desconstrói a profunda gramática da autorreferência e do pronome reflexivo. Quando me refiro a mim mesmo, não estou me referindo a outro *objeto* que esteja oculto nos contornos do Roger Scruton observável. Autorreferência não é referência a um eu cartesiano, mas a esta coisa, a coisa que eu sou, isto é, um objeto com visão subjetiva.

Não temos direito de reificar o "eu" (*self*) como objeto distinto de referência. Nem podemos aceitar — dada a força do argumento de Wittgenstein contra a linguagem privada — que nossos estados mentais exibam traços publicamente inacessíveis que de alguma forma definam o que são real e essencialmente.[40] Mesmo assim, a autorreferência ainda afeta radicalmente o modo como pessoas se relacionam entre si. Uma vez existentes, a autoatribuição e autorreferência se tornam os caminhos primários para o que pensamos, pretendemos, e somos. Elas permitem que nos liguemos uns aos outros como sujeitos, não só como objetos; e é isso que jaz no coração daquelas ideias às quais Nietzsche deu sua genealogia pseudocientífica: ideias de responsabilidade, obrigatoriedade, culpa, louvor e acusação.

---

[40] Embora devamos notar a tenacidade da visão de que o "*quale*" [*quale, qualia*, sensações subjetivas de estados existenciais (N. da T.)] de um estado mental é um *fato* internamente observável, mas não externamente, e associado a sua natureza essencial. Parece-me que a noção dos *qualia* é uma hipótese vazia, uma roda que nada faz girar no mecanismo, como diria Wittgenstein. Mas, em um ensaio interessante, Ned Block — um dos mais sofisticados defensores dos *qualia* na literatura corrente — argumenta que Wittgenstein inadvertidamente se empenha na existência dos *qualia* de um jeito que contradiz todo o tom de sua filosofia. Ned Block, "Wittgenstein and Qualia", *Philosophical Perspectives* 21, no. 1 (2007): p. 73-115. Aqui o debate vai tão além do escopo dessas conferências que só posso recomendar ao leitor o brilhante sumário de Michael Tye (defensor igualmente sofisticado dos *qualia*) na Stanford Encyclopedia of Philosophy: <http://plato.stanford.edu/entries/qualia>. Minha posição pode ser extraída de meu "The Unobservable Mind", *MIT Technology Review*, 1º de fevereiro de 2005, <https://www.technologyreview.com/s/403673/the-unobservable-mind/>.

Relacionando-me assim a Jill, eu me coloco frente a frente com ela: seu ser essencial como pessoa "emerge" da sua realidade corporal, assim como o rosto emerge das manchas coloridas na tela.

INTENCIONALIDADE

Em uma série de livros e ensaios, Daniel Dennett argumentou em favor da ideia de que seres humanos são "sistemas intencionais" — organismos que exibem estados intencionais sistematicamente conectados.[41] O comportamento de sistemas intencionais pode ser explicado ou previsto atribuindo "atitudes proposicionais": descrevendo-as como representando o mundo e procurando modificá-lo. Nem todos os sistemas intencionais são humanos: alguns animais exibem estados intencionais; talvez computadores, quando sofisticados do jeito que Turing previu, também os possam exibir. O próprio Dennett assume uma atitude tranquila, admitindo qualquer coisa como um sistema intencional, desde que, tratando-os como tal, possamos prever seu comportamento — de modo que até um termostato é um sistema intencional na visão de Dennett.[42] Sua razão de assumir essa postura é abrir caminho para a "genealogia" da intencionalidade, desenvolvendo-se em direção à atinência (*aboutness*) a partir de simples mecanismos de feedback que operam sem nenhum mistério no mundo físico comum. Mas não é preciso seguir Dennett nisso. Seja qual for a genealogia do intencional, temos de reconhecer a diferença muito real entre o comportamento que é causado por um estado intencional e o expressa e aquele que não é.

A visão original de Brentano foi assumida pela filosofia subsequente para implicar que um estado intencional se fundamenta numa referência

---

[41] D. C. Dennett, "Intentional Systems", *Journal of Philosophy* 68 (1971), reimpresso em *Brainstorms* (Cambridge, Mass.: MIT Press, 1978) [Ed. bras.: *Brainstorms: Ensaios filosóficos sobre a mente e a psicologia*. São Paulo: Editora Unesp, 2006].
[42] Ver, por exemplo, D. C. Dennett, *Kinds of Minds* (Londres: Weidenfeld, 1996), p. 34 [Ed. bras.: *Tipos de mentes*. Rio de Janeiro: Rocco, 1997].

que pode ser falha ou num pensamento que pode ser falso.[43] Só podemos atribuir esse estado onde existir a possibilidade de uma falha referencial. Animais exibem intencionalidade através de suas crenças e desejos; podem até exibir o tipo de intencionalidade não proposital em que um objeto está "diante da mente" e mentalmente objetivado — como quando um cachorro late *para* um intruso, quer o intruso esteja lá ou não. É certamente verdade que somos sistemas intencionais, e que esse é um traço da nossa organização biológica. Nossos cérebros não são meramente instrumentos para mediar entre estímulo e resposta, mas instrumentos que nos capacitam a pensar sobre e perceber o mundo, e que eventualmente nos levam a pensar sobre ele, e a percebê-lo erradamente.

Referindo-me à emergência da personalidade e autoconsciência, porém, não me refiro apenas a esse traço familiar da condição humana. Refiro-me, como indicou Dennett,[44] a um nível mais alto de intencionalidade, que só se exibe de maneira duvidosa por outros animais, e que certamente não foi simulado num computador.

Um cachorro vê seu dono como uma coisa viva, capaz de contato visual; mas, no seu repertório mental, não há espaço para a ideia de que seu dono seja um "sujeito de consciência", capaz também de contato pessoal. Por oposição, nós humanos reagimos um ao outro e a outros animais *como* sistemas intencionais, reconhecendo uma distinção entre como as coisas são no mundo, e como parecem a outros observadores, e adotando a "perspectiva intencional" que mais uma vez Dennett enfatizou numa série de livros e ensaios.[45] Mas uma vez que admitimos a existência da perspectiva intencional — a perspectiva que interpreta o comportamento de outras criaturas em termos das atitudes proposicionais expressadas nela — temos de reconhecer um nível mais alto

---

[43] Ver o clássico ensaio de R. M. Chisholm, "Sentences about Believing", *Proceedings of the Aristotelian Society* 56, nº 1 (1955-1956), p. 125-148. No entanto, há dúvidas se essa interpretação representa o que Bretano realmente quis dizer. Ver Barry Smith, *Austrian Philosophy* (LaSalle, Il. 11.: Open Court, 1994).
[44] D. C. Dennett, *Consciousness Explained* (Londres: Allen Lane, 1991).
[45] D. C. Dennett, *The Intentional Stance* (Cambridge, Mass.: MIT Press, 1987).

(porque conceitualmente mais complexo) de intencionalidade. Nossa atitude com um cachorro é com uma criatura que possui crenças e desejos; nossa atitude com um ser humano normal é com uma criatura que *atribui* crenças e desejos a si mesma e a outros, portanto a nós.

Reconhecendo que outros assumem essa perspectiva sobre nós, tornamo-nos responsáveis pelo que pensamos e fazemos, e tentamos entender e nos relacionar uns com os outros como sujeitos conscientes responsáveis, cada um com uma perspectiva única que informa seus pensamentos e ações. Descrevendo essa perspectiva pessoal como um traço "emergente" do organismo, não ofereço uma teoria da sua natureza — não mais do que ofereço uma teoria dos quadros quando digo que emergem das marcas físicas em que as enxergamos. Muito antes, digo que, em certo nível de complexidade, um jeito de ver aos outros e a nós mesmos se torna disponível a nós, e através desse jeito de ver somos confrontados com outro mundo além daquele descrito pela biologia evolucionária. Esse outro mundo é o mundo em que vivemos — o *Lebenswelt*, para usar o termo de Husserl —, o mundo das atitudes interpessoais.[46]

EMERGÊNCIA E MATERIALISMO

Reducionistas radicais podem responder argumentando que as propriedades emergentes não estão "acima e além" das propriedades físicas nas quais as

---

[46] A visão em favor da qual estou argumentando tem alguma ligação com aquela defendida por P. F. Strawson em "Freedom and Resentment", em seu *Freedom and Resentment and Other Essays* (Londres: Methuen, 1974), p. 1-28. Diferente de Strawson, porém, acredito que o ser humano é verdadeiramente representado em nossas atitudes interpessoais e falsamente representado naquelas atitudes que Strawson chama de "objetivas". Aquela intencionalidade de ordem mais elevada à qual me refiro — que é a habilidade de formar representações mentais de representações mentais (nossas e de outros) — foi descrita em importantes estudos psicológicos por Alan Leslie e outros como "metarrepresentação". Ver, por exemplo, A. Leslie e D. Roth, "What Autism Teaches Us about Metarepresentation", em S. Baron-Cohen, H. Tager Flusberg e D. Cohen (orgs.), *Understanding Other Minds: Perspectives from Autism* (Oxford: Oxford University Press, 1993).

percebemos. O aspecto de um quadro, por exemplo, emerge automaticamente quando as formas e cores são postas numa tela, e qualquer outra produção das mesmas formas e cores produz exatamente esse aspecto. O aspecto é "mera aparência", sem realidade além daquela das manchas de cor em que é visto. Da mesma forma com a personalidade, que não é nada além da organização biológica em que a percebemos, uma vez que todos os seus traços são gerados pela biologia do corpo, e não se requer nenhum outro dado.

Essa resposta na verdade é irrelevante. Pois o argumento diz respeito ao que Hegel chamaria uma "transição da quantidade para a qualidade". Adições de manchas coloridas à tela em certo ponto produzem um rosto humano: e temos a experiência que Wittgenstein descreve como "a aurora de um aspecto".[47] A partir daí não apenas vemos o quadro de forma diferente: reagimos a ele de outra maneira. Encontramos razões para manchas coloridas que antes não eram pertinentes; e fazemos uma distinção entre os que compreendem o quadro e os que não o compreendem. O quadro assume seu lugar em *outro contexto*, sob outra ordem de compreensão e explicação do que a de manchas coloridas numa tela. E é isso que acontece com um organismo quando, como resultado de quaisquer passos incrementais, ele atravessa o abismo do animal ao pessoal, e surge o aspecto da autoconsciência livre. Tudo em seu comportamento então aparece numa luz nova. Não apenas pode, mas precisa ser entendido de um modo diferente, através de conceitos que o situam na rede da responsabilidade pessoal.

Há uma reação interessante que pode ser feita à posição que adotei quanto à natureza emergente da pessoa humana — reação que aborda um argumento de Paul Churchland em favor de "materialismo eliminativo".[48] Churchland acredita que a "psicologia do senso comum", em que atitudes proposicionais desempenham um papel maior, é uma genuína *teoria* do comportamento

---

[47] Ver Ludwig Wittgenstein, *Investigações filosóficas*. Petrópolis: Vozes, 2014, parte 2, seção XI.
[48] Paul Churchland, "Eliminative Materialism and the Propositional Attitudes", em W. Lycan (org.), *Mind and Cognition* (Oxford: Basil Blackwell, 1990), p. 206-221.

humano — e que pode acabar se revelando falsa. Afinal, a psicologia do senso comum só dá conta de um pequeno segmento da mentalidade humana, não contendo nenhuma teoria de restauração da memória, de construção de imagem, de coordenação visual-motora, de sono e mil outros aspectos vitais da mente. Qualquer teoria que se oferecesse para explicar essas coisas, ao mesmo tempo combinando ou excedendo o poder profético de nossos conceitos mentais, substituiria a psicologia do senso comum do mesmo modo que a teoria da relatividade substituiu a mecânica newtoniana. Podemos nos ater à psicologia do senso comum em nome da simplicidade, do mesmo modo que nos atemos à mecânica newtoniana; mas isso não altera o fato de que seus pressupostos ontológicos podem já não ser sustentáveis. Existem processos cerebrais com o potencial de portar informações. Mas talvez a verdadeira teoria do nosso comportamento não se refira a crenças, desejos, intenções e percepções. Churchland dá motivos para pensar que podemos chegar a essa conclusão e esse é na verdade o caminho que está seguindo a ciência cognitiva. A psicologia do senso comum pode acabar sendo apenas um mero modo de falar.

Parece-me que os acontecimentos previstos por Churchland não liberariam nosso mundo de atitudes proposicionais mais do que a teoria física da pintura, em termos da disposição dos pigmentos, libera nosso mundo da imagem pintada. Imaginemos que a real teoria do motivo de Jill, quando ela me ajuda por simpatia, mencione apenas processos digitais em seu cérebro, e a reação muscular a eles. Não tenho reação àqueles processos cerebrais: eles não poderiam ser atingidos pelas emoções que dirijo a Jill, e quando muito são objeto de curiosidade científica. O objeto intencional da minha própria reação a ela — àquilo que eu *sinto, penso e pretendo* quanto ao seu comportamento — deve ser descrito em termos de psicologia do senso comum. E é apenas *assim descrito* que o comportamento dela desperta minhas emoções. E essas, por sua vez, são objetos para Jill, unicamente *como assim descritas*. Agora uma terceira parte, observando as relações entre nós, pode estar mais apta para as explicar em termos neurofisiológicos do que lhes atribuindo atitudes proposicionais. Contudo, nós mesmos não estamos na posição daquela terceira parte. Eu compreendo Jill como motivada do mesmo jeito que eu estou motivado, e meus próprios motivos me são conhecidos conscientemente apenas em termos da psicologia do senso comum. O padrão de minhas relações com Jill é construído a partir da suposição de que conceitualizamos nosso comportamento e o de outros em termos pessoais. A neurofisiologia pode fornecer uma teoria completa do que assim conceitualizamos, mas empregar essa teoria serviria apenas para mudar nosso comportamento, de modo que a teoria *nos* é estritamente inútil para entendermos e reagirmos uns aos outros. Ao descrever relações pessoais, o que estamos tentando descrever é revelado *somente* na superfície da interação pessoal. O pessoal escapa à biologia exatamente como o rosto na pintura escapa à teoria de pigmentos. O pessoal não é uma *adição* ao biológico: emerge *dele*, mais ou menos como o rosto emerge das manchas coloridas em uma tela.

A PESSOA E O SUJEITO

Há outro motivo bem mais interessante para pensar por que a pessoa não pode ser eliminada de nossa descrição da natureza humana, que é a interconectividade entre o conceito de pessoa e de sujeito. Minha reação a você depende do conhecimento de que você se identifica na primeira pessoa, assim como eu faço. A prática de dar, receber e criticar motivos de ação depende da autoatribuição dessas razões, e em geral todas as nossas reações interpessoais dependem da crença de que os outros atribuem a si mesmos crenças, atitudes, razões e emoções. Eu reajo a você com ressentimento porque você conscientemente quis me ferir, e isso significa que você conscientemente atribuiu a si mesmo exatamente essa intenção. Expresso meu ressentimento com acusações *a você*, as quais espero que você reaja com uma confissão ou declaração em termos do "eu". Os que respondem a uma acusação descrevendo-se em termos de terceira pessoa são insanos ou evitam o assunto.

Se tivermos de nos relacionar uns com os outros como *eu* diante de *eu*, nossos autoatributos têm de obedecer à lógica da primeira pessoa. Devemos atribuir estados intencionais a nós mesmos imediatamente, sem nenhuma base e com privilégios de primeira pessoa, se realmente quisermos nos identificar como "eu" e não como "ele" ou "ela". Mas esse privilégio de primeira pessoa está contido na lógica da psicologia do senso comum. É parte do conceito de intenção que alguém saiba imediatamente e sem nenhum embasamento quais são suas intenções. Não é parte de qualquer dos conceitos apresentados pela ciência do cérebro: assim a ciência do cérebro não poderia substituir a psicologia do senso comum na consciência da primeira pessoa sem que essa consciência deixasse de ser uma genuína consciência de si. Segue daí que a ciência do cérebro não pode desempenhar o papel que o autoconhecimento desempenha, insubstituivelmente, nas relações interpessoais. Se a ciência do cérebro devesse substituir a psicologia do senso comum, todo o mundo das relações interpessoais se desintegraria. O conceito de pessoa, e sua ideia concomitante da consciência da primeira pessoa, é parte do *fenômeno*, e não pode ser eliminado pela ciência que o explica.

Personalidade, como a descrevi, é um traço adaptativo, e podemos pensar que todos esses estudos que argumentam em favor de um atributo cultural no processo evolucionário reconhecem essa verdade.[49] Uma criatura com personalidade tem modos de recorrer à ajuda e cooperação de outras, modos de as influenciar, modos de aprender com elas e ensiná-las, que são maximamente responsivos a mudanças nas circunstâncias externas e objetivos internos. Se, com passos incrementais, um conjunto de genes pode fazer a "transição de quantidade para qualidade" que tem como objetivo e fim uma personalidade, ele obtete uma enorme vantagem evolutiva. Agora há, lutando em seu favor, no mundo ensolarado do racional, um cavaleiro com armadura e com suas próprias razões prementes para fazer progredir a causa

---

[49] Por exemplo, Robert Boyd e Peter J. Richerson, *Culture and the Evolutionary Process* (Chicago: University of Chicago Press, 1985); e Sterelny, *Thought in a Hostile World*.

de amigos, família, descendentes. Ele não precisa se basear nas estratégias implantadas em seus genes a fim de ser motivado em direção ao altruísmo, perdão e busca da virtude: se Kant estiver certo, a motivação para essas coisas está implícita no próprio fato da autoconsciência.[50]

Lançando um olhar lúcido para as muitas tentativas de descrever alguma parte do que distingue a condição humana — o uso da linguagem (Chomsky, Bennett), desejos secundários (Frankfurt), intenções secundárias (Grice), convenção (Lewis), liberdade (Kant, Sartre), autoconsciência (Kant, Fichte, Hegel), riso e pranto (Plessner) a capacidade de aprendizado cultural (Tomasello) — certamente seremos persuadidos de que cada um deles segue alguma parte de uma só realização holística.[51] Mas não há nada na teoria da evolução, nem em sua forma darwiniana original, nem na forma da genética de Fisher, que proíba o salto de um modo de explicação e entendimento a outro. Acreditar que essa mudança incremental é incompatível com divisões radicais é exatamente entender mal o que Hegel queria dizer com a transição de quantidade para qualidade. Não há estágios intermediários entre o animal consciente e o animal autoconsciente, não mais do que existem estágios intermediários entre padrões nos quais você não consegue divisar um rosto, e padrões em que consegue isso. Uma vez em cena, porém, a criatura autoconsciente tem uma adaptação que a levará a povoar a terra e adaptá-la a seus propósitos. E, como sabemos bem demais, nem todos os propósitos serão adaptativos.

---

[50] Se tivesse sido *só* Kant a pensar assim, então naturalmente haveria um imenso espaço aqui para ceticismo. Mas o pensamento é comum a Kant, Fichte, Hegel e Schopenhauer, até Shaftesbury, Smith, Hutcheson e Hume, e incontáveis pensadores contemporâneos.
[51] Chomsky, *Linguagem e mente*. São Paulo: Editora Unesp, 2009; Jonathan Bennett, *Linguistic Behaviour* (Cambridge: Cambridge University Press, 1976): Harry G. Frankfurt, "Freedom of the Will and the Concept of a Person", *Journal of Philosophy* 68, n. 1 (1971): p. 5-20; H. P. Grice, "Meaning", *Philosophical Review* 66, n. 3 (1957): p. 377-388, e suas muitas sequências; David Lewis, *Convention: A Philosophical Study* (Cambridge: Cambridge University Press, 1969); Michael Tomasello, *Origens culturais da aquisição do conhecimento humano*. São Paulo: Martins Fontes, 2003.

VERSTEHEN E FÉ

Se voltarmos agora para a questão da natureza humana, estaremos equipados para dizer algo sobre a espécie a que pertencemos. Somos do tipo que se relaciona com membros de sua espécie através de atitudes interpessoais e da autoafirmação de seus próprios estados mentais. Os estados intencionais de uma criatura refletem seu repertório conceitual. Para entender suas emoções, eu preciso saber como você conceitualiza o mundo. Não posso simplesmente descrever seu comportamento como se fosse uma reação ao mundo-como-a-ciência-o-descreve. Há conceitos que direcionam nossos estados mentais, mas que não podem desempenhar qualquer papel em uma teoria explicativa, porque dividem o mundo no tipo errado de coisas — conceitos como ornamento, melodia, dever, liberdade. O conceito da pessoa é um desses, o que não significa que não haja pessoas, mas, antes, que uma teoria científica de pessoas as vai classificar com outras coisas — por exemplo, macacos ou mamíferos — e não será uma teoria científica de todos os tipos de pessoa. (Por exemplo, não será uma teoria de corporações, de anjos, de Deus.) Assim, a espécie a que pertencemos é definida por um conceito que não figura na ciência da biologia humana. Essa ciência nos vê como objetos antes do que sujeitos, e suas descrições de nossas reações não descrevem o que sentimos. O estudo da nossa *espécie* é tema das *Geisteswissenschaften* (ciências do espírito), que não são ciências, mas "humanidades" — em outras palavras, exercícios em *Verstehen* (compreender), o tipo de entendimento exibido no meu relato sobre o riso.

Argumentei que, enquanto nós humanos pertencemos a uma espécie, essa espécie não pode ser caracterizada meramente em termos biológicos, mas unicamente em termos que façam referência essencial à teia das reações interpessoais. Essas reações nos ligam uns aos outros e também se estendem a (ainda que possam não se ligar com) pessoas que nem são deste mundo nem são de carne. Essa ideia pode incutir no leitor escrúpulos metafísicos. Afinal, como posso ser membro de uma espécie se pertenço a um tipo definido não em termos de sua constituição biológica, mas de suas capacidades psicossociais? Aqui é útil retornar ao caso da pintura. Uma pintura é uma superfície que apresenta ao olho normalmente educado um aspecto de uma coisa representada. É o tipo a que pinturas pertencem, e sabemos que membros desse tipo incluem uma enorme variedade de objetos: telas para pintura, folhas de papel, telas de computador, hologramas etc. A complexidade comportamental requerida para exemplificar reações interpessoais, para nutrir pensamentos "eu", e para considerar a si e a outros responsáveis por mudanças no mundo, é algo que testemunhamos apenas em membros de um tipo natural particular — o tipo *Homo sapiens sapiens*. Mas não poderíamos divisar outros seres, membros de outra espécie ou de nenhuma espécie biológica, que exibem a mesma complexidade e são capazes de se comunicar conosco, eu a eu? Se for assim, eles pertencem conosco à ordem das coisas, e existe um tipo que nos inclui a ambos.

Pessoas religiosas, aferradas à sua fé, agarram-se a esse tipo de verdade profunda, mas metafisicamente inquietante, sobre a condição humana. Elas não têm dificuldade em entender que seres humanos se distinguem de outros animais pela sua liberdade, autoconsciência e responsabilidade. E têm um suprimento pronto de histórias e doutrinas que dão sentido àquelas verdades. Mas aquelas verdades seriam verdades mesmo sem religião, e atualmente é uma das tarefas da filosofia demonstrar isso. De outro lado, raciocínio filosófico muitas vezes filtra-se através das vidas de comuns mortais pelos canais oferecidos por doutrinas, e um dos problemas do crente religioso é entender a relação exata entre as conclusões da filosofia e as premissas da fé.

O problema aqui não é novo. Platão teve uma noção dele, e é a influência de Platão que pode ser notada em al-Fārābī quando ele afirma que as verdades fornecidas pela filosofia ao intelecto são disponibilizadas à imaginação pela fé religiosa.[52] Esse pensamento, desenvolvido por Avicena e Averróis, entrou na consciência da Europa medieval. Nos escritos de Averróis, beira a heresia

---

[52] Al-Fārābī, *Fī Taḥṣīl asSaʿādah*, citado em Lenn E. Goodman, *Islamic Humanism* (Oxford: Oxford University Press, 2003), p. 9.

da "dupla verdade": a heresia de acreditar que a razão pode justificar uma coisa, e a fé outra coisa incompatível com a primeira. Essa ideia, atribuída ao polêmico Siger de Brabant, provocou uma condenação rotunda de Aquino. E nenhum filósofo moderno a consideraria apropriada. A questão de al--Fārābī é a mais comedida, de que a verdade a qual a razão pode descobrir é capaz também de ser revelada — mas de outra forma, mais imaginativa e metafórica — aos olhos da fé. Os incapazes de abrir caminho através do raciocínio pelas intrincadas verdades da teologia podem mesmo assim apanhá-las imaginativamente em ritual e oração, vivendo por uma forma de conhecimento que seu intelecto não consegue traduzir em argumentos racionais.

A obra de filosofia que esbocei deve ser completada por um trabalho da imaginação. Para a pessoa com fé religiosa, esse trabalho já foi realizado; mas para os céticos, tem de recomeçar. A verdade filosófica de que nossa espécie não é uma categoria biológica é aniquilada pelo "*clairantismo*" (para usar o feliz termo de J. L. Austin). Pode ser conjurado por histórias, imagens e evocações, mais ou menos como Milton conjurou a verdade da nossa condição partindo do material bruto do Gênesis. A alegoria de Milton não é apenas um retrato de nossa espécie (*kind*); é um convite à bondade (*kindness*). Mostra--nos o que somos, e de que forma devemos viver. E estabelece um padrão para a arte. Mas tiremos a religião, tiremos a filosofia, tiremos os objetivos mais altos da arte, e privaremos as pessoas comuns dos modos pelos quais podem representar sua singularidade. A natureza humana, outrora algo superior a aspirar, torna-se algo inferior a superar. O reducionismo biológico alimenta essa "inferioridade", motivo pelo qual tão facilmente as pessoas o apreciam. Torna o cinismo respeitável, e a degeneração, algo chique. Anula nossa espécie, e com ela a nossa bondade.

2. Relações humanas

Desde Kant, ficou claro que os pensamentos "eu" são fundamentais para a vida da pessoa, comprometendo-nos com a crença na liberdade e no apelo à razão. Igualmente fundamentais, argumentou Stephen Darwall, são os pensamentos "você" — pensamentos em relação à pessoa pela qual sou responsável ou a quem se dirigem meus raciocínios. A vida moral depende de algo que Darwall chama "o ponto de vista da segunda pessoa" — o ponto de vista de alguém cujos raciocínios e conduta se dirigem essencialmente a outros.[1] Neste capítulo, desejo desenvolver essa ideia.

Quando dou a outra pessoa um motivo para agir, estou presumindo que tenho a posição, a autoridade e a competência para fazer isso. E também confiro posição, autoridade e competência ao outro. Não é que eu dirija a atenção do outro para algum motivo que exista independentemente, na natureza das coisas. O diálogo moral é aquele em que *eu* dou motivos para *você*, e esses motivos têm peso para você exatamente porque é isso que eu estou fazendo. Suponha que você esteja pisando em meu pé. Há um motivo para você tirar seu pé de cima do meu — isto é, vai me aliviar da dor. Mas também há um motivo que eu posso lhe dar que tem outro tipo de autoridade — isto é, eu não quero que você pise em meu pé. Esse motivo é dirigido de mim a você, e sua força depende da premissa partilhada de que

---
[1] Stephen Darwall, *The Second-Person Standpoint* (Cambridge, Mass.: Harvard University Press, 2006).

você é responsável diante de mim pelos seus atos voluntários, na medida em que eles me afetam. A relação Eu-Você foi mencionada num livro famoso de Martin Buber, filósofo e teólogo judeu, que escreveu entre as duas guerras mundiais e cujas ideias tiveram poderosa influência em círculos literários de seu tempo.[2] O que Buber nunca esclareceu, porém, foi que a relação Eu-Você entra essencialmente em cada aspecto da vida moral. É isso que Darwall se propunha a mostrar, argumentando que normas morais em última análise devem sua força a razões de segunda pessoa manobradas por elas, que as relações que convidam um julgamento moral e o tornam possível são relações construídas sobre o ponto de vista da segunda pessoa, e que conceitos vitais à vida moral — como responsabilidade, liberdade, culpa e censura — assumem seu significado, ao final e ao cabo, da relação Eu-Você em que as razões de dar e receber são parte do acordo. Adotando e adaptando um famoso argumento de Peter Strawson, Darwall mostra que emoções tais como ressentimento, culpa, gratidão e ira não são versões humanas de respostas que podemos observar em outros animais, mas maneiras em que a exigência de responsabilidade, que nasce espontaneamente entre criaturas que podem se conhecer como "eu", se traduz na linguagem do sentimento.[3] E no coração dessas emoções reside a crença na liberdade do outro, crença que é irredutível, pelo fato de que não a podemos descartar sem cessar de ser o que fundamentalmente somos. Pois o que somos é o que somos uns para os outros — relação que se constrói na ideia mesma de pessoa humana, que é a primeira pessoa dentro do ponto de vista da segunda pessoa, como um ímã num campo magnético.

---

[2] Martin Buber, *Eu e Tu* (São Paulo: Centauro Editora, 1974).
[3] Strawson, "Freedom and Resentment".

O CASO DA PRIMEIRA PESSOA

A verdade moral de que nossas obrigações derivam da relação Eu-Você funda-se em uma verdade metafísica: a de que o *self* é um produto social. É só porque entramos em relações livres com outros que podemos nos conhecer como uma primeira pessoa. Os argumentos para essa conclusão metafísica são muitos, e dois em particular me interessam. Um é o argumento da linguagem, associado a Wittgenstein; outro é o argumento do reconhecimento, associado a Hegel. Os dois merecem uma exposição de livro inteiro, e aqui devo me contentar com o mais breve resumo, a fim de sugerir que, se esses argumentos forem válidos, então a moralidade da relação Eu-Você tem exatamente o fundamento metafísico de que precisa.

O argumento da linguagem nos diz que declarações em primeira pessoa demonstram um tipo especial de privilégio. Se eu estou com dor, não preciso descobrir que estou com dor, e sei que estou com dor sem precisar de fundamento. Não usar as palavras "eu estou com dor" nesse modo é não entender seu significado. Especialmente, não entender o termo *eu*. O significado da palavra vem da regra de que veracidade e verdade coincidem; um falante que não obedece a essa regra estaria usando o termo *eu* para significar *ele* ou *ela*: o falante mostraria que não entende a gramática do caso de primeira pessoa. Consciência de primeira pessoa nasce com o domínio de uma língua pública e por isso com o reconhecimento de que outros usam o termo *eu* como eu uso, a fim de expressar diretamente o que pensam e sentem.

O argumento de Hegel é semelhante, embora apresentado em linguagem bem diferente. No estado de natureza, motivado apenas por meus desejos e necessidades, eu sou consciente, mas sem o senso de *self*. Através do encontro com o outro, que começa numa luta de vida e morte pela sobrevivência, sou forçado a reconhecer que também eu sou outro para aquele que é outro para mim. Hegel expressa, em passos poéticos, a emergência gradual desse encontro do momento de reconhecimento mútuo, em que alguém se descobre como autoconsciência livre ao reconhecer a autoconsciência livre sobre e diante de si. *Self* e outro adquirem consciência num só ato de reconhecimento, que me confere a habilidade de me conhecer em primeira pessoa ao mesmo tempo exigindo que eu reconheça a primeira pessoa em você.[4]

Os dois argumentos admitem que o conhecimento da primeira pessoa é especialmente privilegiado — não é tema de observação, mas da habilidade espontânea de declarar, sem provas, nossas crenças, sentimentos, sensações e desejos. É sobre essa habilidade espontânea que a relação Eu-Você se constrói, e termos tais que *Eu* e *Você* adquirem seu sentido do diálogo resultante. Mas, então, eles descrevem objetos no mundo da observação? Certamente, expressam o ponto de vista do sujeito; mas, como vimos, sujeitos não são objetos, e pontos de vista não estão *no* mundo, mas são *sobre* o mundo. Talvez, em qualquer ciência da espécie humana, pronomes estejam fora de consideração. Mas, se for assim, como uma ciência do ser humano pode sequer tentar conciliar-se com a vida moral como *nós* a entendemos?

Quando falo de mim mesmo em primeira pessoa, faço afirmações sem nenhuma base e sobre as quais, em um vasto número de casos, não posso estar errado. Mas posso estar totalmente errado sobre esse ser humano que está falando. Assim, como posso ter certeza de que estou falando sobre *exatamente aquele ser humano*? Como sei, por exemplo, que sou Roger Scruton e não David Cameron sofrendo de delírios de grandeza? Referindo-me a mim mesmo, talvez eu esteja me referindo a alguma coisa que não é o ser humano ao qual você se refere quando aponta para mim: talvez eu esteja fazendo exatamente o que digo, e me referindo a um *self*, uma entidade da qual sou imediata e incorrigivelmente consciente.

Resumindo a história: falando na primeira pessoa podemos fazer afirmações sobre nós mesmos, responder a perguntas e entrar em argumentação e conselhos de modos que ignoram todos os métodos normais de descoberta. Como resultado, podemos participar de diálogos fundados na certeza de que, quando você e eu falamos sinceramente, o que dizemos é confiável: estamos

---

[4] Expus os dois argumentos mais detidamente em *Uma breve história da filosofia moderna* (Rio de Janeiro: José Olympio, 2008), caps. 5, 20 e 28. O argumento de Hegel está expandido, adaptado e variado em Charles Taylor, *As fontes do self* (São Paulo: Edições Loyola, 2013).

"falando o que pensamos". Esse é o cerne do encontro Eu-Você. Mas não implica que exista alguma entidade críptica à qual eu me reafirmo como "eu", oculta à sua perspectiva: eu sou essa coisa que você também observa e que pode ser entendida de dois modos — como um organismo e como uma pessoa. Dirigindo-se a mim como um "você", você se dirige a mim como a uma pessoa, e pede que eu responda como um "eu".

SELF E OUTRO

Kant afirmava que a vida moral nasce da autoidentificação do sujeito como um "eu". Essa ideia causou uma profunda impressão em seus sucessores imediatos, especialmente Fichte e Hegel. Mas eles entendiam que minha autoidentificação como "eu" depende profundamente de meu encontro e identificação com outros. Das tentativas de idealistas pós-kantianos para difundir essa ideia, surgiu uma longa tradição que tem encarado a relação entre *self* e outro como o desafio fundamental da filosofia, substituindo nesse sentido o velho e descartado problema da relação entre alma e corpo. E a relação entre *self* e outro foi ainda associada, por Hegel entre outros, com aquela entre sujeito e objeto: entre observador e observado.

Se eu fosse sujeito puro, argumenta Hegel, existindo num vazio metafísico, como imaginava Descartes, eu jamais avançaria ao ponto de qualquer conhecimento, nem mesmo conhecimento de mim mesmo, nem seria capaz de me dirigir a certo objetivo.[5] Minha consciência permaneceria abstrata e vazia, uma consciência de nada. Mas eu não estou meramente postado à beira do meu mundo. Entro nesse mundo, e dentro dele encontro outros. Eu sou eu para mim mesmo porque, e na medida em que, sou você para outro. Autoconsciência depende do reconhecimento que o outro concede ao *self*. Por isso preciso ser capaz de diálogo livre, em que assumo o controle da minha presença diante da sua presença. É isso que significa entender o caso

---

[5] Ver G. W. F. Hegel, *Fenomenologia do espírito*, introdução, parte A, cap. 4.

da primeira pessoa. E é porque entendo o caso da primeira pessoa que tenho consciência imediata da minha condição. A posição que, para Kant, define a premissa da filosofia e está pressuposta em cada argumento, repousa ela mesma numa suposição — a pressuposição do outro, aquele contra o qual eu testo a mim mesmo em disputa e em diálogo. "Eu" exige "você", e os dois se encontram no mundo dos objetos.

Kant argumenta de modo persuasivo em "Os paralogismos da razão pura" que não podemos conhecer o sujeito nas categorias do entendimento — isto é, não podemos olhar para dentro a fim de identificar o eu como substância, portador de propriedades, participante de relações causais.[6] Identificar o sujeito desse modo é identificá-lo como um *objeto*. Foi engano de Descartes encarar o sujeito como um tipo especial de objeto, e por isso atribuir-lhe uma natureza substancial e imortal própria. O sujeito é um ponto de vista *sobre* o mundo dos objetos, não um item *dentro* dele. Nesse contexto, Kant se refere ao "sujeito transcendental" — o centro da consciência que jaz além de todos os limites empíricos. Mas essa expressão, mais tarde adotada por Husserl, recebendo um lugar eminente na fenomenologia husserliana, pode dar impressão de implicar que temos acesso positivo ao transcendental. Melhor é referir-se ao sujeito como um horizonte, um limite unilateral para o mundo como ele parece.

Mesmo assim, ainda que o sujeito não seja um algo, também não é um nada. Existir como sujeito é existir de outro modo que os objetos comuns. É existir na beira do mundo, encarando uma realidade de um ponto no horizonte que ninguém mais pode ocupar. Cada um de nós encara o mundo de um ponto de vista que concede um lugar especial e privilegiado aos nossos pensamentos e sentimentos. O que mais importa para mim está *presente* em mim, em pensamento, memória, percepção, sensação e desejo, ou pode ser convocado para o presente sem nenhum esforço de investigação. Mais que isso, eu reajo a outros como similarmente presente a eles mesmos, capazes de responder diretamente a minhas indagações, capazes de me dizer sem

---

[6] Immanuel Kant, *Crítica da razão pura*, parte 2, cap. 1.

mais indagação o que eles pensam, sentem ou pretendem. Assim podemos nos dirigir uns aos outros na segunda pessoa, eu para você. Sobre esses fatos construiu-se tudo o que é mais importante na condição humana: responsabilidade, moralidade, lei, instituições, religião, amor e arte.

A INTENCIONALIDADE DO PRAZER

Nossos estados mentais têm intencionalidade, por isso dependem dos modos como conceitualizamos o mundo. Mais que isso, não podemos presumir que nossas emoções não sejam afetadas quando aprendemos a conceitualizar seus objetos em algum modo novo e alegadamente "científico". Assim como a indignação por um vilão é minada pela descrição dele ou dela como um autômato obedecendo a impulsos no sistema nervoso central, assim o amor erótico se recolhe quando seu objeto é descrito num jargão pseudocientífico de sexologia. Manter relações humanas gratificantes — relações que entendemos e sobre as quais elaboramos — significa conceitualizar um ao outro nos modos implicados no uso honesto do "eu" e do "você". Significa distinguir ações livres de não livres, comportamento razoável de não razoável, sorrisos de carrancas, promessas de previsões, contrição de arrependimento, e assim por diante — através de todos os modos complexos pelos quais descrevemos a conduta e as reações das pessoas como distintas da conduta e das reações de organismos e do mundo inanimado.

É por isso que a história da adaptação contada pelos psicólogos evolucionistas tantas vezes falha em explicá-los. Pois essa história vai ignorar o "como parece" dos nossos estados mentais, substituindo nossas próprias descrições intencionais por relatos científicos neutros do tipo que se poderia aplicar a um cachorro ou a um cavalo. Nada ilustra mais vividamente esse ponto do que a experiência de prazer. Uma teoria evolucionista do prazer mostraria por que certas coisas causam prazer, explicando a vantagem reprodutiva conferida pelos genes que gozam deles. Apontaria para o mecanismo do cérebro que opera sempre que se sente uma alegria, e que tem a função de orientar o organismo para a repetição dessa experiência. Ofereceria uma explicação para o vício, que ocorre quando uma recompensa antes difícil de repente se torna fácil, de modo que o caminho da recompensa entra em curto-circuito. E explicaria a diferença entre prazeres construtivos e destrutivos, pois traços adaptativos podem se tornar mal adaptativos conforme mudam as circunstâncias, de modo que o desejo por doces que assegurou a sobrevivência de nossos ancestrais agora nos condena à obesidade.

Porém também sentimos prazer com coisas que não têm nenhum significado evolutivo óbvio, e que são difíceis de ligar com qualquer caminho direto para alguma adaptação original. Sentimos prazer com golfe, piadas, humilhar nossos inimigos; em música, arte e poesia; em colecionar selos, observar pássaros e praticar *bungee jumping*. Mais ainda, o prazer não é uma coisa, mas muitas. O prazer da brisa morna em nosso rosto é sentido *no rosto*. Há um lugar no corpo onde esse prazer (ou talvez seja melhor dizer "sensação prazerosa") se localiza. Mas os prazeres da mesa não são assim. O prazer que sentimos com o gosto da comida, por exemplo, não é "uma sensação prazerosa na boca". Não existe um local exato onde se localiza esse prazer. Da mesma forma o prazer com um aroma delicioso ou um bom vinho. Quando se trata de prazeres com impressões visuais e auditivas, qualquer comentário sobre o local onde elas são sentidas ou mesmo sobre a *sensação* em geral estão fora de questão. Meu prazer com a vista de minha janela não é algo que eu sinta nos olhos. É antes uma afirmação daquilo que eu vejo — um reconhecimento feliz de que essas coisas à minha frente são boas.

E há os prazeres totalmente intencionais, que, embora de algum modo ligados à experiência perceptiva ou sensitiva, são modos de explorar o mundo. Prazeres estéticos são assim. Prazeres estéticos são contemplativos — envolvem estudar um objeto *fora* do *self*, ao qual estamos *dando* algo (quer dizer, atenção e tudo o que decorre dela), não *tomando*, como ocorre no prazer que nasce de drogas e bebidas. Assim, tais prazeres não viciam — não há caminho de recompensa que possa entrar em curto-circuito aqui, e a injeção de serotonina não é um meio barato de conseguir a experiência do *Parsifal* ou de *O mercador de Veneza*.

Alguns prazeres são associados a nossas avaliações, de um modo que os coloca bastante além do alcance das mentes animais: os prazeres que uma pessoa obtém em sua carreira, casamento, filhos e assim por diante. Não estamos interessados numa carreira bem-sucedida ou casamento amoroso a fim de sentir o prazer que essas coisas trazem; sentimos o prazer (embora, mais uma vez, *sentir* não seja a palavra exata) porque valorizamos essas coisas por aquilo que são. A questão, já proposta em outros termos pelo bispo Butler, nos é apresentada por um experimento mental bem conhecido de Robert Nozick.[7] Imagine um objeto que, colocado em sua cabeça, produza todas as crenças e pensamentos associados a uma carreira de sucesso, um casamento amoroso, lindos filhos e tudo o que você poderia desejar. Naturalmente esse instrumento produziria, além dessas crenças, um ímpeto de prazer. Enquanto o aparelho estiver no topo de sua cabeça, você estará no topo do mundo. Mas de alguma forma isso não é um prazer *real*. E a natureza ilusória do prazer significa que você não acreditaria haver qualquer motivo para desejá-lo. O que você quer é a *realidade* de uma carreira de sucesso, um casamento amoroso e assim por diante, e a ilusão não é a segunda melhor coisa, mas algo que definitivamente não é racional desejar.

Entre muitos outros casos intrigantes, talvez o mais intrigante seja o prazer sexual. É como prazeres sensoriais envolvendo partes do corpo, cuja excitação e estímulo táctil se ligam ao prazer. Mas é diferente dos casos normais de prazer sensorial por não ser apenas sensível ao pensamento, mas também de algum modo orientado *para* ou *sobre* outra pessoa — parecendo ter um objeto, ou ao menos ser ligado a estados mentais que têm um objeto. Assim, pode haver prazeres sexuais errôneos, em que o prazer chega como resultado de um erro, ou até uma decepção. Uma mulher adormecida que é acordada por alguém que imagina ser seu marido e com quem então

---

[7] Adaptei o argumento de Robert Nozick, *Anarchy, State, and Utopia* (Nova York: Basic Books, 1974), p. 44-45 [Ed. bras.: *Anarquia, Estado e Utopia*. São Paulo: WMF Martins Fontes, 2011]. Ver as muitas discussões on-line sobre "a máquina da experiência". Para Joseph Butler, ver seus *Fifteen Sermons: Preached at the Rolls Chapel* (Londres, 1729), sermões 1 e 9.

experimenta o prazer do sexo é um caso desses. Seu prazer rapidamente vira repulsa, quando acende a luz. Em retrospecto, seu prazer adquire o caráter de um erro hediondo. Nem pode ser citado como evidência contra uma acusação de estupro. Esse é um prazer que não deveria ter existido, que a mulher gostaria de cuspir, mas não pode, e a repulsa contra ele pode assombrá-la para sempre. Daí o suicídio de Lucrécia. Um caso menos drástico é do prazer que alguém sente pelo toque do amado, transformando-se em repulsa quando percebe que o toque é de um intruso.

SEXO, ARTE E O SUJEITO

Isso é apenas um esboço das muitas distinções que podemos e deveríamos fazer analisando os prazeres humanos. Mas já complica a abordagem adotada pela psicologia evolucionista, que vê todo o prazer do mesmo modo, como resíduo de um processo adaptativo pelo qual um organismo se tornou programado para se comportar de maneiras que promovam a reprodução de seus genes. Pois meu breve exame sugere que prazeres surgem de modos completamente diferentes, e que as adaptações que servem a uma função do ponto de vista genético podem ser empregadas para outros fins por nossa evolução *social*, ou liberados inteiramente de sua função biológica pelas exigências da vida individual.

O exemplo do prazer sexual é interessante, além do mais, porque se relaciona com um prazer ligado a nossa natureza de animais reprodutivos. Assim, ficaríamos surpresos se não pudéssemos dar uma explicação evolutiva para ele. Mas as explicações evolutivas parecem falhar em descrever o que os seres humanos querem da atividade sexual. O prazer sexual foca em outra pessoa, concebida não como objeto, mas como um sujeito como eu. Não é exatamente prazer *sobre* ou *a respeito* do outro (e por isso não é exatamente como outros prazeres emocionais); mas é um tipo de prazer *no* outro. E é condicionado a ver o outro como um outro — isto é, não um objeto como este (meu corpo), mas um sujeito como eu.

Assim, quando encontramos formas de interesse sexual focadas no outro como objeto (como um isso, não um você), nós os encaramos como perversões ou formas de abuso.[8] O caso paradigmático é a necrofilia, em que o objeto do interesse é um ser humano reduzido ao status de objeto, e o sexo se realiza como uma espécie de triunfo: vitória sobre outra vida. Estupro — que é um modo fácil de investimento genético por parte do macho — também envolve um triunfo sobre a subjetividade do outro, um deleite em arrancar prazer sexual de um doador involuntário. E o estupro desperta repulsa por esse mesmo motivo — não apenas indignação em nome da vítima, mas uma repugnância visceral em relação ao perpetrador.

Como Jonathan Haidt deixou claro em seus escritos sobre moralidade, a psicologia evolucionista abre considerável espaço para essas repulsas instintivas difíceis de racionalizar, tais como a repulsa contra o incesto.[9] Mas não consegue explicar sua *intencionalidade*. Essas repulsas não são apenas reações viscerais, como a repulsa por excrementos. Envolvem o julgamento de que o prazer nasce de forma errada, como se sujasse os que o buscam. A evolução nos conta que é improvável que os seres humanos sejam necrófilos — esse tipo de prazer não é um bom investimento genético — e que provavelmente o incesto nos causa repulsa. Mas não nos diz por que incesto, estupro, pornografia, adultério, pedofilia e uma porção de outras coisas são consideradas ofensas contra o ser interpessoal.

O mesmo tipo de falha pode ser observado em relatos evolucionistas de prazer estético — um prazer que frequentemente foi comparado com o prazer sexual (como ocorreu, por exemplo, em Platão), pois nasce do nosso encantamento com a aparência, sensação, som e textura do nosso mundo. Geoffrey Miller, em seu livro *The Mating Mind*, enfatiza uma ideia apresentada primeiro por Darwin, a de que a contemplação de aparências pode ter um papel na seleção sexual. A bela cauda do pavão é sinal de capacidade

---
[8] Ver a discussão em Thomas Nagel, "Sexual Perversion", em *Mortal Questions* (Cambridge: Cambridge University Press, 1979), p. 39-52.
[9] Jonathan Haidt, *The Righteous Mind: Why Good People Are Divided by Politics and Religion* (Londres: Allen Lane, 2012).

reprodutiva exatamente por sua redundância — só uma criatura com bom estoque de genes poderia desperdiçar tanta energia em exibições inúteis. E, em seu livro *The Art Instinct*, Denis Dutton tenta explicar nosso gosto por paisagens como implantado em nós pelas exigências ambientais do homem pleistocênico.[10] Nossos ancestrais passaram seu tempo procurando lugares na beira da floresta onde havia água para beber, campos abertos para enxergar a caça e árvores onde escapar dos predadores. Assim, diz Dutton, não deveria nos surpreender que pinturas de paisagens com árvores, água e vistas abertas sejam a preferência padrão de pessoas hoje em dia, quando se trata de decorar um aposento. Mas mais uma vez a explicação falha quanto ao que deve ser explicado. O tipo de hotel kitsch de beira de estrada que Dutton descreve é precisamente o que aprendemos a descartar ao exercitar nossas faculdades estéticas. A pessoa cujas paredes estão cobertas com cenas florestais ainda precisa aprender que o prazer estético envolve julgamento, discriminação e habilidade de distinguir emoções verdadeiras de falsas, uma atitude adulta e responsável com relação ao mundo natural, e mil outras coisas que distanciam os verdadeiros objetivos da arte das necessidades sobreviventes dos nossos ancestrais caçadores e coletores.

Não aceito a visão que atribuo a Wallace, de que haja uma fissura insuperável no processo evolucionista. Linguagem, autoconsciência, julgamento moral, gosto estético e assim por diante emergem de alguma forma, e a sugestão de Darwin — de que as coisas emergem por variação casual e sobrevivem por seleção — ainda não foi refutada. Mas permaneço fiel à antiga vocação da filosofia, que nos manda distinguir entre as coisas, e não as elidir, e particularmente mergulhar naqueles traços da nossa própria vida que não se encontram nos outros animais, e que parecem definir a condição humana como distinta e distintivamente plena de significação. Mesmo que não haja uma fissura insuperável, existe uma fissura, e ela é importante.

---

[10] Denis Dutton, *The Art Instinct: Beauty, Pleasure and Human Evolution* (Oxford: Oxford University Press, 2010).

INTENCIONALIDADE EXTRAPOLANTE

Essa questão é aventada mais urgentemente pelo que eu chamo de "intencionalidade extrapolante das atitudes interpessoais". Em todas as nossas reações mútuas, nós olhamos *para dentro* do outro, em busca daquele horizonte inatingível do qual ele ou ela se dirige a nós. Somos objetos, apanhados nas correntes de causalidade, que se relacionam uns com os outros no espaço e no tempo. Mas cada objeto humano também se dirige a nós com olhares, gestos e palavras, do horizonte transcendental do "eu".[11] Nossas reações a outros pretendem atingir aquele horizonte, indo além do corpo até chegar ao ser que ele encarna. É esse traço das nossas reações interpessoais que dá força irresistível à ideia de alma, do verdadeiro mas oculto *self* velado pela carne. E por isso essas nossas reações interpessoais se desenvolvem de certa maneira: vemos uns aos outros envoltos dentro delas, por assim dizer, e consideramos uns aos outros responsáveis por elas como se originassem *ex nihilo* do centro unificado do *self*.

Dirigindo-me a você na segunda pessoa, ao mesmo tempo eu distingo você como uma coisa que se dirige *a mim* em segunda pessoa e que só faz isso porque você se identifica como primeira pessoa. Esse pensamento se liga a um argumento de Elizabeth Anscombe sobre intenção — no sentido de fazer algo intencionalmente ou com uma intenção particular. Anscombe argumentou que uma ação é intencional se admite a aplicação de certo sentido da pergunta "Por quê?". Uma ação intencional é uma cujo agente pode ser convocado a dar motivos.[12] Ações intencionais entram na esfera da consciência subjetiva. Tenho imediata consciência do que estou fazendo e o motivo, de modo que você tem acesso direto, através da pergunta "Por quê?", à minha posição em relação ao mundo. Naturalmente, há casos de erro, lapsos de linguagem e autoengano. Mas são desvios do caso central,

---

[11] Veja o argumento imaginativo em J. J. Valberg, *Dream, Death, and the Self* (Princeton: Princeton University Press, 2007).
[12] G. E. M. Anscombe, *Intention* (Oxford: Blackwell, 1957).

em que a pergunta "Por quê?" pode ser imediatamente respondida, e com autoridade especial, de modo que a sinceridade é uma garantia de verdade. Esse privilégio de primeira pessoa é um traço tão familiar das nossas vidas mentais que nem paramos para questioná-lo, e tentativas de explicação tendem a girar em círculos ou a se refugiar na ideia que anteriormente associei a Wittgenstein — de que o privilégio de primeira pessoa pertence à "gramática" da autorreferência, sem nos dizer exatamente o que poderia significar "gramática" em tal contexto.[13] O que é importante do ponto de vista do meu argumento é que aquele privilégio de primeira pessoa é a fundação das relações pessoais. Dirigindo-me a você, estou convocando sua consciência de primeira pessoa para a esfera da minha, por assim dizer. Isso me capacita a rejeitar a investigação científica, a teorização psicológica e a procura de motivos ocultos, e a me engajar diretamente com você. Posso lhe oferecer razões para mudar de opinião e pedir as razões que vão me persuadir a mudar a minha. Estamos um diante do outro, no comando de nós mesmos de uma maneira especial, com nossas sinceras afirmações de primeira pessoa possuindo uma autoridade única na revelação do que pensamos, sentimos e fazemos.

Por isso, via de regra, a palavra *você* não *descreve* a outra pessoa; convoca-a à sua presença, e essa convocação é compensada por uma resposta recíproca. Você se torna disponível para outros nas palavras que os convocam para se responsabilizarem diante de você. Isso não seria possível sem a consciência de primeira pessoa que nos chega com o uso do *eu*; mas esse uso, por sua vez, não seria possível sem o diálogo através do qual nos combinamos na comunhão do interesse mútuo.

Uma intenção não é a mesma coisa que um desejo: você pode pretender fazer o que não quer fazer e querer fazer o que não pretende fazer. Pretender algo significa estar certo de que você o vai fazer, e também saber por quê. Pretender não é prever. Eu prevejo que vou beber demais na festa esta

---

[13] Veja o registro de Brie Gentler "Autoconhecimento" na Stanford Encyclopedia of Philosophy: <http://plato.stanford.edu/entries/self-knowledge/>.

noite; mas talvez encontre a força para voltar para casa sóbrio. Fazendo tal previsão, eu me vejo de fora, por assim dizer, analisando as evidências, extrapolando observações passadas e tirando conclusões, como faria observando outra pessoa. Minha previsão pode ser certa ou errada. Mas não é mais privilegiada, do ponto de vista do autoconhecimento, que minhas previsões sobre o comportamento de qualquer outra pessoa. Prevendo meu comportamento, "eu" se torna "ele".

Quando *decido* chegar em casa sóbrio, eu "tomo uma decisão", e isso significa estar certo, sem evidências, de que isso é o que farei. Nesse caso, respondo à pergunta "Por quê?" não apresentando uma evidência baseada num comportamento passado, mas oferecendo *motivos para essa ação*. Estou *assumindo responsabilidade* pelo meu futuro, e isso significa que o estou trazendo para o campo do conhecimento de primeira pessoa, tornando certo que é *isso* que vou fazer. Se, afinal, eu não chegar em casa sóbrio, não é porque me enganei na minha afirmação passada sobre minha ação futura, mas porque mudei de ideia.[14]

No encontro Eu-Você, agimos por motivos dos quais temos consciência, e que o outro pode pedir que declaremos. Confiança depende de uma resposta verdadeira, e aqui a veracidade é garantia da verdade. Em outras palavras, através do nosso diálogo podemos afetar diretamente o que cada um de nós faz. Isso se aplica a crenças, pensamentos e também emoções. E dessa habilidade de dar conta um do outro nasce um tipo especial de relação da qual só pessoas são capazes. Cada um de nós começa a assumir responsabilidade pelo que somos, e fazemos, e sentimos. E por gradações a nossa responsabilidade mútua é tramada na relação entre nós, até o ponto onde assumimos múltiplas obrigações e compromissos que distinguem as

---

[14] Há uma terceira possibilidade, isto é, fraqueza de vontade, tema de um debate que estou evitando aqui. Ver Donald Davidson, "Como é possível a fraqueza de vontade?" em *Essays on Actions and Events*, 2 ed. (Oxford: Oxford University Press, 2001), p. 21-42. Quando manifesto uma intenção de fazer X mas não o faço, não pode ser porque cometi um *erro* quanto às minhas próprias intenções. É por isso que a fraqueza de vontade é um problema filosófico: exatamente *o que* sai errado quando isso ocorre?

comunidades humanas de todas as redes sociais que observamos. Geramos entre nós o que Searle chamou "poderes deônticos", preenchendo nosso mundo com obrigações que não existiriam se não fosse por nossa capacidade de inventá-las, aceitá-las e impô-las.[15]

Não que esses traços de nossa condição nasçam de nossa liberdade transcendental, como diria Kant. Eles são *aquilo em que consiste a liberdade*. Dando um ao outro motivos, exigindo responsabilidade um do outro, elogiando, acusando e negociando, e trabalhando um pela aceitação do outro, e por sua vez sendo influenciado a aceitar — todos são momentos de um diálogo continuado em que cada um de nós presta atenção não ao corpo do outro, mas à perspectiva de primeira pessoa que brilha dentro dele.

RECENTRANDO E DESCENTRANDO AS PAIXÕES

Porque exigimos responsabilidade um do outro desse modo, toda a nossa vida emocional é recentrada. Deixa de ser atribuída ao organismo, o "isso" que nos encarna, por assim dizer, mas antes ao "eu" que fala e olha. Pelo nosso uso do termo *eu*, deixamos o corpo de lado, substituímos o organismo pelo *self*, e apresentamos aos outros um objeto de seu interesse que é reservado e que deve ser trazido à frente a fim de lidar com aqueles que se dirigem a ele. Foi o que eu quis dizer antes quando me referi à intencionalidade extrapolante das relações interpessoais. Outros entram num diálogo com essa coisa chamada "eu", e o veem em sua arena soberana, tanto parte do mundo físico quanto situado à sua margem. Naturalmente, não é uma coisa em qualquer sentido substancial, e leitores de Wittgenstein e Hacker estarão familiarizados com as sombras enganosas lançadas aqui pela nossa gramática.[16] Mesmo assim, é verdadeiro dizer que, numa pessoa, estados mentais são recentrados, autoatribuídos ao eu, de modo a se tornarem parte do diálogo interpessoal.

---

[15] J. R. Searle, *The Construction of Social Reality* (Oxford: Oxford University Press, 1995).
[16] P. M. S. Hacker, *Human Nature: The Categorical Framework* (Londres: Wiley and Sons, 2007).

A mais eloquente ilustração desse processo recentrador é mais uma vez dada pelo desejo sexual. Descrevendo o desejo sexual, estamos descrevendo o desejo de *John* por *Mary* ou o desejo de *Jane* por *Bill*. E as próprias pessoas não vão apenas descrever seus desejos, mas também experimentá-los desse modo: como *meu* desejo por *você*. "Eu te quero" não é uma figura retórica, mas a verdadeira expressão do que eu sinto. E aqui os pronomes identificam aquele centro da escolha livre e responsável que constitui a realidade interpessoal de cada um de nós. Eu quero você como o ser livre que você é, e sua liberdade está embrulhada na coisa que eu quero, a coisa que você identifica na primeira pessoa quando se envolve comigo, eu a eu. E isso é porque eu quero que você me queira exatamente da mesma maneira que você quer que eu o queira, numa escalada mútua de desejo. Por isso, é com frequência que na cultura popular as canções de amor são elaborações na segunda pessoa: "All The Things You Are" ("Tudo o que você é"), "I've Got You Under my Skin" ("Você está debaixo da minha pele"), e assim por diante. E, na poesia lírica, a segunda pessoa se torna uma invocação, usando a forma familiar, como neste famoso poema de Rückert:

> Du bist die Ruh,
> Der Friede mild,
> Die Sehnsucht du
> Und was sie stillt
> Tu és o sossego,
> A doce paz,
> És o desejo
> E aquilo que o acalma.

Vale a pena relembrar a inefável quietude conferida a essas reflexões por Schubert, o modo inteligente de condensar algo abstrato que se anseia (calma, paz), e até o anseio em si, no pronome concreto, que encerra as abstrações e as circunda. Aqui o *você* é o *eu* transcendental do outro, que não se pode descrever, mas pelo qual eu anseio.

Assim como nossos sentimentos animais podem ser e deveriam ser recentrados no eu, os mesmos sentimentos podem ser descentrados, tornando-se espetáculos no mundo do "isso". Quer dizer, podem ser experimentados não como *meus* e como expressões do que eu sou, sinto, e escolho ao me relacionar com você, mas como forças impingidas sobre mim de fora, que vagueiam como ventos errantes no mundo dos objetos, impelindo eu e você juntos na crista da sua indiferença. Vários escritores chamaram atenção para a objetificação do outro, e das mulheres em especial, no uso de imagens pornográficas.[17] Há um fundamento nas queixas, que têm raízes nas intuições kantianas que animaram nossa visão de mundo secular desde o Iluminismo. Mas penso que as queixas não chegam ao cerne do assunto. O verdadeiro mal da pornografia não reside em retratar outras pessoas como objetos sexuais, mas no descentramento radical que promove nos sentimentos sexuais do observador. Louva a excitação sexual sem a relação Eu-Você e a dirige a uma cena sem nome de excitação mútua, em que a excitação também é despersonalizada, como se fosse uma condição física, não uma expressão do *self*. Esse descentramento da excitação e desejo os transforma em coisas que *acontecem* a mim, ocorrendo sob a luz crua de uma tocha voyeurista, em vez de serem parte do que eu sou para você, e você para mim, no momento de intimidade.

Esse descentramento das nossas paixões vitais naturalmente não se confina à esfera sexual. Nem o fenômeno é inteiramente novo. É ligado ao que Marx chamou fetichismo, e foi entendido assim na arte de Hollywood pelos críticos com tendências censoras da escola da Frankfurt.[18] Até certo limite, isso tem de acontecer e não é sempre uma catástrofe. Mas deveríamos reconhecer que, se os sentimentos que mais servem para nos ligar uns aos

---

[17] Rae Langton, *Sexual Solipsism: Philosophical Essays on Pornography and Objectification* (Oxford: Oxford University Press, 2009).
[18] Ver por exemplo as discussões de fetichismo cultural nos textos de Theodor Adorno, notavelmente "Sobre o caráter fetichista na música e a regressão de escutar" (1938), reimpressa amplamente, e.g., em A. Arato e E. Gebhardt, eds., *The Essential Frankfurt School Reader* (Nova York: Urizen Books, 1978), p. 270-299.

outros — isto é, sentimentos sexuais — forem descentrados, e se crianças aprenderem esses sentimentos em suas versões descentradas, estaremos destinados a experimentar uma grande mudança na natureza das comunidades humanas e nos sentimentos dos quais depende a reprodução social.

IDENTIDADE PESSOAL

Até aqui me concentrei no aspecto de pessoas que foi apresentado por Kant e os idealistas pós-kantianos — a presença em todos nós da perspectiva de primeira pessoa, com seus julgamentos privilegiados e intencionalidade extrapolante. Mas também existem outros aspectos, como revela um olhar na história das ideias. O termo *persona* nos vem do teatro romano e etrusco, quando denotava a máscara usada pelo ator e, portanto, o caráter que o ator retratava. O termo foi emprestado pela lei romana para descrever qualquer entidade com direitos e deveres jurídicos, incluindo entidades corporativas e outras construções mais abstratas. Foi novamente emprestado pelos primeiros teólogos cristãos para explicar a doutrina da Trindade, distinguindo as três pessoas de Deus. Discussões sobre a Trindade levaram ao ponto de vista de que a personalidade pertence à essência de seja o que for que a possui, e o filósofo do século VI Boécio tomou isso como pista para definir a natureza essencial do ser humano. Para Boécio, a pessoa humana é "uma substância individual de uma natureza racional".[19] Essa definição foi adotada por Aquino e ficou assim até o Iluminismo, quando dois grandes filósofos — Locke e Kant — decidiram reexaminar toda a ideia e desenrolar seus muitos fios.

Segundo as definições de Boécio, você ser *essa pessoa* é o que (ou quem) você essencialmente é. Daí você não poder deixar de ser essa pessoa sem deixar de ser. A conexão da pessoa, assim definida, com o sujeito como descrito acima não é inteiramente clara. Nem é claro como a pessoa se relaciona com

---

[19] Boécio, *Liber de Persona et Duabus Naturis*, cap. 3; Aquino, *Summa Theologiae*, 1. q. 19.

o ser humano. Você é essencialmente esse ser humano, e não poderia deixar de ser esse ser humano sem deixar de ser. Mas, se é assim, o ser humano e a pessoa precisam sempre coexistir? Locke levantou essa questão, embora não nos termos que eu usei, e chegou à conclusão de que a mesma pessoa pode não ser o mesmo ser humano e vice-versa. Outros construíram experimentos mentais de efeito similar — notavelmente Sydney Shoemaker — e o "problema da identidade pessoal" resultante disso se tornou um tópico perene da controvérsia filosófica, sem que os que a debateram chegassem a nenhuma conclusão comum.[20]

Problemas semelhantes surgem na estética. A *Tempestade* de Giorgione é uma pintura singular, identificada por seu aspecto pictórico. Também é um objeto físico situado na Accademia de Veneza. Não poderia perder seu aspecto sem deixar de ser a obra de arte que é. Nem poderia cessar de ser esse objeto físico particular, sem deixar de ser. Mas suponhamos que o aspecto fosse transferido por algum processo para outra tela, e a pintura original fosse destruída. A *Tempestade*, de Giorgione, iria sobreviver ou não? Sim, se você apreciar pinturas de certo modo — em termos do seu aspecto apresentado; não, se você as avaliar de outro modo — como objetos físicos.[21]

Esses paradoxos são solúveis? No caso de pessoas, esperamos que sim, porque o conceito de identidade ao longo do tempo tem sido vital para nossas relações interpessoais. Considerando uns aos outros responsáveis, supomos que cada um de nós possa afirmar identidade com uma pessoa do passado, assumir responsabilidade pelos feitos e promessas dessa pessoa, e também assumir intenções para o futuro. Identidade através do tempo parece fundamental para o conceito de pessoa como o entendemos, e na verdade toda a autoatribuição pressupõe isso.[22] Mas a pessoa está ancorada

---

[20] Sydney Shoemaker, *Self-Knowledge and Self-Identity* (Nova York: Cornell University Press, 1963).
[21] Veja a discussão sobre condições de identidade para obras de arte, em Richard Wollheim, *A arte e seus objetos* (São Paulo: Martins Fontes, 1994).
[22] Isso tem sido negado por Derek Parfit, em *Reasons and Persons* (Oxford: Oxford University Press, 1986). A abordagem de Parfit é rejeitada por David Wiggins em *Sameness and Substance Renewed*.

no ser humano, em algo como o modo como a *Tempestade* está afixada na tela específica. E, ao mesmo tempo, podemos imaginar modos em que a memória, intenção e responsabilidade esvoaçam de corpo em corpo ou sobrevivem inteiramente à perda do corpo, assim como podemos encarar a sobrevivência do corpo como um organismo que se autossustenta, mesmo quando intenção, memória e todas as outras faculdades pessoais tiverem sido apagadas.

Deveríamos nos preocupar com isso? Minha resposta é não. A possibilidade de divergência entre nossos dois modos de avaliar as pessoas — como organismos humanos e como pessoas — não subverte as práticas que têm sido construídas sobre esses dois esquemas rivais. Nós conceitualizamos o mundo de dois modos contrastantes, segundo nossa intenção for de explicar ou de compreender esse mundo como compreendemos uns aos outros. Não podemos viver sem reações interpessoais, uma vez que elas são o que nós somos, e todos os nossos planos e projetos dependem delas. Mas os conceitos que elas empregam não têm lugar firme na ciência do nosso comportamento, e desaparecem da teoria biológica do ser humano, assim como os conceitos requeridos para a compreensão de uma pintura desaparecem da ciência das telas pictóricas. Por isso, resta examinar exatamente o que nossa vida como pessoas exige de nós.

3. A vida moral

Pessoas são seres morais, conscientes de certo e errado, que julgam seus semelhantes e são, por sua vez, julgados. São também indivíduos, e qualquer avaliação da vida moral tem de começar da tensão aparente que existe entre nossa natureza como indivíduos livres e o fato de sermos membros de comunidades das quais depende nossa realização.

Tem sido afirmado que o conceito do indivíduo livre é uma invenção recente, um subproduto de transformações culturais que podem não ter ocorrido e realmente não ocorreram em todas as partes do mundo. Jacob Burckhardt debateu essa questão em *The Civilization of the Renaissance in Italy* ("A civilização do Renascimento na Itália", em tradução livre), livro que fundou a disciplina de história da arte como tem sido ensinada em nossas universidades e se nutriu da teoria do *Zeitgeist* (espírito do tempo), herdada da filosofia da história de Hegel.[1] Há fundamento na teoria de Burckhardt, que descreve uma cultura em que os indivíduos definiram, talvez pela primeira vez na civilização cristã, seus objetivos em termos de realização individual antes do que normas sociais. Porém há ali também algum exagero. Se o que

---

[1] Jacob Burckhardt, *A Civilização da Renascença Italiana* (Queluz de Baixo, Editorial Presença, 1967). Mais radicalmente, sir Larry Siedentop remeteu à emergência do individual aos evangelhos e cartas de São Paulo: *Inventing the Individual: The Origins of Liberalism* (Londres: Allen Lane, 2014).

eu escrevi nos primeiros dois capítulos é plausível, o hábito de autodefinição como indivíduo é parte da própria condição humana. Sem dúvida, em certas circunstâncias as pessoas enfatizam mais o que as distingue de seus vizinhos do que aquilo que compartilham com eles; sem dúvida a ideia da vida humana como uma só narrativa, a ser entendida como um todo em si, vem à tona em algumas épocas, não em outras; sem dúvida a arte de algumas culturas celebra indivíduos e seu modo de se "destacarem" da comunidade, enquanto a arte de outras culturas encara essa postura com indiferença ou hostilidade. Mas em todos os casos devemos distinguir "individualismo" — a ênfase nos indivíduos como criadores de sua vida e seus valores — da individualidade profunda — condição metafísica que, como pessoas, nós partilhamos, sejamos individualistas ou não.

INDIVIDUALIDADE PROFUNDA

Distinguimos materiais (*stuffs*) de coisas (*things*). Água é um material; ouro também. Um anel feito de ouro é uma coisa; mas o é, por assim dizer, somente acidentalmente: poderia ser derretido, tornando-se um elo numa corrente, uma estatueta ou apenas um pedaço de ouro. Sua essência reside no material de que é composto, e o fato de ser essa coisa e não outra é apenas um acidente em sua história. Outros itens em nosso mundo são *essencialmente* coisas: o paradigma disso são os animais. Meu cavalo Desmond é um cavalo particular; embora seja composto de vários materiais — água, carne, sangue —, ele é essencialmente essa coisa e, deixando de ser essa coisa, ele deixa de ser. Um dia Desmond vai desaparecer do esquema das coisas. Ele é idêntico a si mesmo através do tempo, o substrato que resiste a suas muitas mudanças. E por isso teria sido descrito, por Boécio ou Aquino, como uma substância individual. Desmond é mais indivíduo do que uma pedra, uma vez que se pode dividir uma pedra em duas e ainda ter os mesmos componentes do universo — apenas o arranjo terá mudado: dois pedaços de pedra em vez de um só. Mas, se dividirmos Desmond em dois, não substituiremos um cavalo por dois. Vamos perder o cavalo. O mundo depois da divisão será ontologicamente mais pobre, uma vez que Desmond, o cavalo, terá desaparecido.

Porém, ao mesmo tempo, a individualidade de Desmond, comparada com a minha, é uma coisa superficial. Não sou apenas um indivíduo animal do jeito que Desmond é. Eu me identifico como indivíduo através do tempo. Assumo responsabilidade pelo meu passado e faço promessas para o futuro: eu reivindico o mundo como esfera da minha própria atuação. E fazer isso é uma expressão da individualidade profunda que é parte da condição humana — que é a condição de uma criatura que pode dizer "eu". Essa individualidade profunda se expressa tanto nas leis de Hamurabi como nos sonetos de Petrarca e pode ser lida tão claramente numa inscrição de uma tumba da antiga Atenas como numa lápide vitoriana, e é uma constante da condição humana — a premissa de todas as nossas esperanças e medos e a coisa que define a nossa felicidade.

Isso não significa que somos átomos desprendidos, buscando nossa satisfação sem atenção para os outros. Claramente, se o argumento do último capítulo estiver correto, essa individualidade profunda é em si mesma uma condição *social*, algo que surge apenas porque indivíduos estão em relações que implicam compromisso, reconhecendo responsabilidades e adotando o ponto de vista da segunda pessoa para outros como parte integral de adotar o ponto de vista de primeira pessoa para si mesmos. Por isso, temos claramente a questão inevitável de como viver com outros, e como moldar nossas próprias emoções e hábitos de modo a curtir a cooperação deles.

LOUVOR, CRÍTICA E PERDÃO

Quando há pessoas no caminho dos nossos apetites, não as empurramos simplesmente de lado, agarramos o prêmio e ignoramos todas as reclamações dos rivais quanto a ele. Se nos portarmos assim, seremos recebidos com hostilidade e ressentimento e ameaçados de punição. O hábito de acusar pessoas nasce naturalmente da nossa competitividade, e reagimos à crítica com uma desculpa, uma explicação ou ato de contrição. Se nenhuma dessas atitudes está disponível, as condições sociais mudam. A pessoa que ofendeu é entendida então de outro modo, como estando em guerra com seus vizinhos. O diálogo moral cede ao confronto direto de vontades. No reino animal, esse confronto direto é a norma, como quando rivais disputam território ou companheiro: o conflito continua até que o mais fraco capitula e dá sinais de derrota.

Mas, se nossa primeira resposta à injustiça não é violência mas crítica, o outro tem oportunidade de fazer alguma correção. A violência é anulada ou adiada, e pode começar um processo — o processo bem descrito na teologia católica romana do arrependimento — com o que partes culpadas são primeiro marginalizadas, depois, através de arrependimento e contrição, novamente incluídas, com sua falta devidamente perdoada. É óbvio que comunidades com habilidade de resolver assim seus conflitos têm uma vantagem competitiva sobre os que só reagem à injúria com violência. Assim, temos aqui o começo de outra história de "adaptação" na vida moral — embora de novo uma história que exclui a intencionalidade de nossas reações morais e o tipo de raciocínio do qual dependem.

Comunidades animais também têm meios de evitar e superar conflito que, até certo ponto, imitam o processo que acabo de descrever. O hábito de apresentar ameaças — como orelhas do cavalo viradas para trás ou o rosnado do cachorro — previne violência avisando seu adversário potencial. O hábito de capitular antes de lutar até o fim por um território ou uma parceria sexual também tem uma função de preservar a vida e assim preservar genes. O próprio fato, enfatizado por Konrad Lorenz, de que a agressão se efetua em geral contra criaturas da mesma espécie, cuja conduta importa de um jeito que a conduta de outras espécies não importa, imita as formas da disciplina humana.[2] E muitos equivalentes próximos

---

[2] Lorenz, *Agressão*.

de castigo, apaziguamento e reconciliação foram observados em nossos parentes entre os macacos.[3] Mas, embora essas formas de comportamento sejam adaptações (se do grupo ou do gene, não é importante para nossos objetivos), elas não exibem o tipo de raciocínio exibido pelas emoções morais. Se você me acusa justamente de o injuriar, posso procurar desculpas, e há um diálogo elaborado aqui, através do qual expressaremos nossas intuições quanto ao evitável e o inevitável.[4] Essas intuições não são arbitrárias, mas se baseiam num tipo de cálculo que avalia a extensão em que a falha resultou da *vontade* do acusado — a extensão em que foi o resultado natural de seus desejos, intenções e planos, portanto se foi ou não diretamente intencional. E, se não tenho desculpa, minha resposta à sua acusação será ou romper relações (o que não é resposta, mas evitação), ou buscar seu perdão.

Perdão não pode ser oferecido arbitrariamente e a todo mundo — pois assim se tornaria uma espécie de indiferença, recusa em reconhecer a distinção entre certo e errado. Perdão só é sinceramente oferecido por uma pessoa consciente de ter sido vítima de um erro, a outra que sabe que cometeu um erro. Se a pessoa que feriu você não se esforça por obter perdão e apenas ri de suas iniciativas de oferecê-lo, o impulso de perdoar é bloqueado.[5] Mas se a pessoa pede desculpas, e se a contrição é proporcional à ofensa, começa um processo que pode ter perdão como resultado. A ideia da proporcionalidade é importante. A pessoa que atropela seu filho e depois diz "sinto muitíssimo" antes de continuar dirigindo seu carro não merece seu perdão. Pessoas que assumem a carga inteira da contrição em um caso como esse precisam não apenas tentar corrigir a situação, mas também mostrar, com sua angústia, que têm plena consciência da extensão de seu erro contra o outro, de modo

---

[3] Frans de Waal, *Primates and Philosophers: How Morality Evolved*, ed. Stephen Macedo e Josiah Ober (Londres: Princeton University Press, 2006).
[4] Ver J. L. Austin, "A Plea for Excuses", in J. O. Urmson e G. J. Warnock, eds., *Philosophical Papers* (Oxford University Press, 1979).
[5] Para um relato sutil das muitas complexidades aqui envolvidas, ver Charles Griswold, *Forgiveness: A Philosophical Exploration* (Cambridge: Cambridge University Press, 2007).

que sua restauração como membros da comunidade tem de depender da boa vontade do outro.

Todos temos fortes intuições nesses assuntos, e pessoas incapazes de realizar o raciocínio envolvido nisso são limitadas em suas relações sociais, talvez até incapazes de participar plenamente na vida da sociedade. É verdade que procedimentos para indicar responsabilidade têm sido diferentes nos muitos sistemas legais que temos registrados.[6] Mesmo assim os sistemas partilham uma ênfase sobre a vontade do autor, e as desculpas que ele ou ela pode oferecer. Pessoas raramente são consideradas responsáveis por um resultado que nada fizeram para provocar — por exemplo, um ferimento no outro contra quem foram empurrados contra a vontade. E todos os sistemas legais têm uma lista ampla da culpabilidade e fatores que a aumentam ou diminuem.

POLUIÇÃO E TABU

Há uma interessante exceção a essa regra, porém, muito evidente na tragédia grega. Aqui a ofensa é algo que a vítima não pode evitar, pois os próprios deuses a impuseram. Mesmo assim é objeto de vergonha por parte de quem a cometeu. O crime de Édipo mostra que ele é um intruso na comunidade. Ele está impuro e por isso é objeto adequado para o sacrifício. Ele carrega o ônus do qual os cidadãos de Tebas podem ser aliviados se ele for expulso da cidade e as normas morais forem restauradas. Ele é envergonhado diante dos tebanos e aceita sua punição como justa, até a inflige a si mesmo, apesar do fato de que, para nossa compreensão moderna, o castigo não tenha sido claramente merecido. Estudando tais casos, Bernard Williams argumenta que eles têm outra concepção de culpabilidade do que a que vale hoje em dia entre nós.[7] E isso pode parecer lançar dúvida sobre a ideia de que haja uma

---

[6] Ver Pierre Legrand e Roderick Munday (orgs.), *Comparative Legal Studies: Traditions and Transitions* (Cambridge: Cambridge University Press, 2011).
[7] Bernard Williams, *Shame and Necessity* (Berkeley: University of California Press, 1993).

forma natural que dirija nossa alocação de responsabilidade, e nossas reações a louvor e acusação.

Considerando a tragédia grega, observamos dois fatores impactantes: primeiro, o erro trágico é visto como uma *poluição* pela qual outros podem ser *contaminados* se ela não for purgada ou purificada; segundo, que as situações reportadas despertam em nós os mais profundos sentimentos sem que de verdade saibamos por quê. Naturalmente esses fatos não escaparam a Freud, e ele lhes deu uma explicação controvertida. Na tragédia grega, testemunhamos o resíduo de uma forma mais antiga de pensamento moral, um estrato arqueológico por baixo do território da escolha pessoal. Essa forma mais antiga de pensar, que antropólogos como Mary Douglas chamaram "a ética da poluição e do tabu", vê falhas morais surgidas tanto por contágio quanto por um ato. Enfatiza pureza e purificação nas relações sexuais e familiares; e castiga pessoas não as julgando culpadas de seus atos e abrindo caminho para contrição e perdão, mas tirando-as da comunidade e readmitindo-as somente se algum ato de purificação tiver mudado sua condição. Pode-se dizer que o teatro trágico nos leva para dentro da caverna do caçador-coletor, onde coisas há muito ocultas nas trevas são brevemente reveladas, como se diante do clarão de um relâmpago. A peça é um exorcismo, despertando espíritos assustadores, tornando-os brevemente visíveis, e depois expulsando-os num ato místico de purificação. Esse revisitar terrores antigos é parte da sua superação e tem seu equivalente em nossa própria arte trágica, bem como em nossos rituais religiosos.

Naturalmente é razoável supor, com Williams, que nossa moralidade interpessoal, em que a vontade do indivíduo assume o centro no palco, é simplesmente uma manifestação possível do senso moral. Devemos ser cautelosos quando se trata de generalizar dessa instância para afirmações sobre outros lugares e tempos. Mesmo assim, ainda que admitamos uma medida de variação histórica no modo como pessoas eram julgadas diante de seus semelhantes, o hábito de imputar erros, oferecer desculpas e argumentar em favor da justiça ou injustiça de uma penalidade é universalmente observado, e a diferença entre uma ética de poluição e tabu e uma ética de responsabilização é antes questão de ênfase do que uma divisão absoluta. Na ordem cotidiana de uma comunidade moral, transferências de responsabilidade correspondem a diagnósticos da vontade, sendo entendida como o aspecto da nossa atividade nascido do *self*, e que por isso reage à razão. Só quando o destino ou os deuses intervêm é que essa ordem se perturba.

O INDIVÍDUO SOBERANO E A LEI COMUM

Numa comunidade moderna individualista, as disputas não se resolvem por imposição de algum ponto fora dela, e cooperação, antes do que comando, é o primeiro princípio da ação coletiva. Isso pode não ter sido a norma histórica nas comunidades humanas, mas é a situação para a qual nossos próprios impulsos sociais nos levam, e sua emergência como um padrão legalmente reconhecido de legitimidade é um dos muitos legados preciosos do Iluminismo. A ideia iluminista do indivíduo soberano, que confere legitimidade ao governo por seu próprio consentimento a ele, é uma generalização da nossa prática cotidiana como seres morais. Até sob um governo despótico, as pessoas tentam acertar suas disputas através de concordância, cumprindo promessas, fazendo acordos e impondo punição aos que erram. Acordos podem ser perigosos, e a lei pode ser inflexível em seu cumprimento, como no *Mercador de Veneza*. Mas, conforme a peça ilustra de tantos modos, é natural ao ser humano, sejam quais forem as circunstâncias políticas, estabelecer suas relações através de consentimento e respeitar a soberania do indivíduo como meio de alcançar isso.

O quadro da comunidade moral que venho elaborando se traduz facilmente num sistema concomitante de lei, a lei comum pela qual disputas e ofensas são apresentadas diante de um juiz imparcial e resolvidas segundo os princípios antigos da justiça natural, que defende a ausência de viés e o direito a um julgamento justo. O hábito de resolver nossas disputas desse modo parece, pois, um aditamento natural à ordem moral. Os princípios subjacentes à justiça consuetudinária na tradição de língua inglesa emergem de nossas maneiras espontâneas de solucionar conflitos. Todos os princípios que seguem, por exemplo, parecem ser aceitos por aqueles que depõem suas armas e, em vez de usá-las, raciocinam em busca de soluções:

1. Considerações que justificam ou impugnam uma pessoa vão, em circunstâncias idênticas, justificar ou impugnar outra.
2. Direitos devem ser respeitados.
3. Obrigações devem ser cumpridas.
4. Acordos devem ser honrados.
5. Disputas devem ser acertadas por negociação, não força.
6. Aqueles que não respeitam os direitos de outros perdem seus próprios direitos.

Esses princípios têm sido assumidos como definidores do terreno da "lei natural", porque sua validade depende apenas da própria ideia de negociação, e não das circunstâncias de quem embarca nela.

Certamente algo assim esteve na mente de Adam Smith quando, em sua *Teoria dos sentimentos morais,* ele argumentou em favor do "espectador imparcial" como sendo o verdadeiro juiz de nossos deveres morais.[8] Quando me pergunto o que *eu* deveria fazer, penso no que *o outro* pensaria da minha ação se a observasse com um olhar desinteressado. Se, como sugeri, moralidade está enraizada na prática do chamado à responsabilidade entre agentes autoconscientes, é exatamente isso que deveríamos esperar. O outro imparcial estabelece o padrão que todos devemos cumprir.

ARITMÉTICA MORAL

A concepção da vida moral que emerge do argumento que tenho esboçado seria chamada "deontológica" por certo tipo de filósofos. Quer dizer, apresen-

---

[8] Adam Smith, *The Theory of Moral Sentiments* (Londres, 1759): reimpressão da edição de 1790 disponível na plataforma editorial independente do CreateSpace via Amazon [Ed. bras.: *Teoria dos sentimentos morais*. São Paulo: WMF Martins Fontes, 2015].

ta uma obrigação pessoal antes de algum conceito do bem geral como noção básica de um raciocínio moral. Nisso difere de modos de pensar atualmente em voga, como o que defendem Peter Singer e (talvez com mais sutileza) Derek Parfit em seus escritos mais recentes.[9] Para Parfit, a moralidade trata de nossos deveres, mas, no final, todos os nossos deveres se reduzem a um, o dever de fazer o bem — em outras palavras, de obedecer àqueles princípios "otimizados" que prometem o melhor resultado a longo prazo.

Para tais pensadores consequencialistas, todos os problemas morais são, ao fim e ao cabo, aritméticos. As tramas que nos prendem uns aos outros em laços históricos e específicos de justiça e dever não têm lugar seguro em seus cálculos. É claro que os outros não são todos importantes da mesma maneira, e as muitas exigências sobre nós podem ser mais ou menos exigentes, mais ou menos compensadoras, mais ou menos severas. Mas, quando se trata de avaliar *o que importa em si mesmo* — em outras palavras, o que a moralidade exige de nós —, tais fatos, para a mentalidade consequencialista, caem para segundo plano, para reaparecer só como qualificação de outros traços de base mais abstrata da nossa condição. Para Singer, Parfit e muitos outros que falam sobre nossos tempos, a pessoa boa é aquela que busca o melhor resultado em todos os dilemas morais com que se confronta. E, mendigando a questão em seu próprio favor, debatem esses dilemas na forma do "dilema do bonde" e do "dilema do bote salva-vidas". Moralidade é o que nos orienta a desviar um bonde desgovernado de um trilho a outro, quando em ambos trabalha certo número de pessoas, ou a conduzir um bote salva-vidas para um ou outro grupo de pessoas que estão se afogando, em uma situação em que nem todas podem ser salvas. Esses "dilemas" têm o caráter útil de eliminar da situação mencionada praticamente qualquer relação moralmente relevante, reduzindo o problema a uma mera questão de aritmética.

Pensemos no amor por nossos filhos, que entre pessoas normais funde todos os circuitos na calculadora utilitária. Para Parfit, é apenas mais um

---

[9] Peter Singer, *Escritos sobre uma vida ética* (Lisboa: Dom Quixote, 2007); Derek Parfit, *On What Matters*, 2 vols. (Oxford: Oxford University Press, 2011).

input num problema de bote salva-vidas. Ele escreve que "os princípios otimizados *não* [...] exigiriam que salvássemos um estranho em vez de nosso filho. Se todo mundo aceitasse e muitos seguissem essa exigência, as coisas seriam melhores, de certa forma, pois as vidas de mais pessoas seriam salvas. Mas esses bons efeitos seriam maciçamente superados por como seria pior se todos tivéssemos o motivo que tais atos exigiriam. Para salvarmos vários estranhos em lugar de um de nossos próprios filhos, nosso amor por nossos filhos teria de ser muito mais fraco".[10] E isso, continua Parfit, teria muitos efeitos ruins a longo prazo.

O notável nessa linha de raciocínio é que, mesmo se contém senso comum, faz isso em bases que solapam inteiramente as obrigações em que o senso comum se baseia. Ignora o fato de que nossos filhos têm em relação a nós um direito que outros não têm, e que esse direito *já é* motivo de os salvar em sua hora de necessidade, sem exigir outro argumento. Podemos dizer que ignora a realidade humana da situação que Parfit afirma estar imaginando em favor da matemática espectral que fornece a medida de todos os seus juízos comparativos.

JUÍZOS COMPARATIVOS

De outro lado, é verdade que fazemos juízos comparativos, e é um argumento poderoso para o consequencialismo que ele leve isso em conta. Relatos deontológicos de moralidade como os de Kant parecem por vezes dar pouca importância a nossos modos comparativos de pensar e também têm grande dificuldade em explicá-los. Em nossos dilemas morais mais urgentes, nos perguntamos qual entre dois cursos de ação seria *melhor* ou qual entre várias ações seria *a melhor*. Esse fato é mais simples de lidar de um ponto de vista consequencialista — fácil demais, diriam alguns. Consequencialistas tratam o raciocínio moral como raciocínio econômico e às vezes expressam seus

---

[10] Parfit, *On What Matters*, vol. 1, p. 385.

pensamentos em termos de ordenações preferenciais e sua agregação.[11] A tentação será então introduzir no nosso discurso moral toda a matemática que pudermos e reescrever a moralidade como "aritmética moral", para usar uma expressão usada por Buffon. O dilema do bonde faz isso para Parfit. Na medida em que os exemplos se desenrolam, e a matemática assume, a relação com o pensamento moral comum se torna mais e mais tensa.[12]

Eis um dos casos que Parfit invoca: "Se escolhermos A, Tom vai viver 70 anos, Dick vai viver 50 anos e Harry não existirá. Se escolhermos B, Tom viverá 50 anos, Dick nunca terá existido e Harry viverá por 70 anos."[13] Assim, deveríamos escolher A ou B? Com determinação implacável, Parfit conduz o leitor através de casos e mais casos desse tipo, argumentando que a visão de Scanlon, de que as razões são inerentemente *pessoais*, não dará conta de todas as muitas instâncias em que podemos ser convocados a fazer uma escolha moral.[14] Mas importar precisão não esconde o fato de que os exemplos levados em conta são inteiramente diversos de dilemas morais reais e inteiramente formatados pela obsessão aritmética do seu autor. Dilemas reais ocorrem do modo como Scanlon diz que ocorrem, do que devemos uns aos outros, ou, para usar termos que adotei, dos modos como nos consideramos responsáveis por nós mesmos e pelos outros. Uma versão espectral do raciocínio moral pode sobreviver no mundo do dilema do bonde; mas lá existe apartada de suas raízes no encontro pessoa a pessoa, prestando-se ao tratamento matemático, em

---

[11] Como, por exemplo, em John Broome, *Weighing Lives* (Oxford: Oxford University Press, 2004).
[12] Interessante a repulsa contra problemas morais "matemáticos" que encontramos entre pensadores anticonsequencialistas como Elizabeth Anscombe (G. E. M. Anscombe, "Modern Moral Philosophy", *Philosophy* 33, n. 124 [1958]: p. 1-19) e veementemente expressa por Allen Woods em sua resposta a Parfit (incl. no vol. 2 de *On What Matters*), partilhada por R. M. Hare, que pensa no dilema do bonde como recurso dos anticonsequencialistas em suas tentativas extremas de resistir ao inevitável triunfo do utilitarismo. Ver R. M. Hare, *Moral Thinking: Its Levels, Method and Point* (Oxford: Oxford University Press, 1981), p. 139.
[13] Parfit, *On What Matters*, vol. 2, p. 223; formato modificado.
[14] T. M. Scanlon, *What We Owe to Each Other* (Cambridge, Mass.: Harvard University Press, 1998).

parte porque o filósofo de gabinete eliminou do raciocínio as fontes normais do sentimento moral.

Isso não nega que o raciocínio moral faz comparações. Quando Anna Karenina se pergunta se é correto deixar Karenin e morar com Vronsky, está se perguntando qual das duas atitudes seria *melhor*. Mas, embora faça um juízo comparativo, ele não pode ser resolvido por um cálculo. Ela está dilacerada entre suas obrigações com marido e filho e seu amor por Vronsky. Seu dilema não se pode separar de suas circunstâncias peculiares — o espírito vingativo e a frieza do marido, a doce devoção do filho, o *Leichtsinn* (a leviandade) de Vronsky e o conhecimento que Anna tem das falhas dele. Dilemas desse tipo existem porque somos ligados uns aos outros por obrigações e apegos, e um modo de ser uma pessoa má é pensar que isso pode se resolver por uma aritmética moral. Suponhamos que Anna raciocinasse que é melhor satisfazer duas pessoas jovens e saudáveis e frustrar um velho do que satisfazer um velho e frustrar duas pessoas jovens, por um fator de 2,5 a 1: logo, estou indo embora. O que então pensaríamos da seriedade moral dela?

* * *

CONSEQUENCIALISMO E SENSO MORAL

Essa é apenas uma razão para pensar que a ideia de um "princípio otimizado" é tanto obscura em si mesma quanto incapaz de realizar a tarefa que os consequencialistas exigem dela. Removendo os bondes e os botes salva-vidas, raramente saberíamos como calcular "o melhor", seja no caso particular, seja levando em conta a aplicação de princípios. As consequências de nossos atos se estendem infinitamente para fora, tanto no espaço quanto no tempo. As melhores intenções podem levar aos piores resultados. E valores são muitos, em tensão uns contra os outros. Que lugar deveríamos destinar a beleza, graça e dignidade — ou todas se insinuam em nossas deliberações como partes da felicidade humana? Não há como saber de que modo Parfit ou Singer responderiam a essa questão, pois seus escritos são despidos de psicologia moral e têm pouco ou nada a dizer sobre aquilo em que consiste a felicidade, com que escala pode ser medida ou o que seres humanos ganham com seus valores estéticos e espirituais.

Mais que isso, os dois filósofos ignoram o registro real de raciocínio consequencialista. A história moderna apresenta caso e mais caso de pessoas inspiradas conduzidas por visões do "melhor", acreditando que todos os seres racionais adotariam tais visões se conseguissem pensar claramente nelas. O *Manifesto Comunista* é uma visão assim. Dá uma imagem do "melhor" e argumenta que tudo funcionaria, incluindo a burguesia, se ao menos eles entendessem os argumentos impecáveis em favor de sua implementação. Os que estão obstruindo o caminho da revolução são interessados em si mesmos; mas também são irracionais e trocariam de lado se pensassem seriamente sobre princípios que qualquer um desejaria que fossem leis. Já que seus interesses não os deixam pensar assim, uma revolução violenta é necessária e inevitável.

Lenin e Mao, que botaram em prática esse documento, eram adeptos do dilema do bonde. A aritmética moral sempre agia em seu favor, conforme alternavam o bonde da história de um conjunto de possíveis vítimas a outro. E, quando o gorducho tinha de ser empurrado da ponte, havia sempre alguém pronto a fazer o serviço por eles e esse por sua vez podia também ser empurrado da ponte. O resultado foi a destruição total de duas grandes sociedades e danos irreversíveis para o resto de nós. Por que imaginar que, aplicando nossas mentes na questão do que seria melhor a longo prazo, faríamos um serviço melhor? Mais ainda, essa possibilidade — na verdade, probabilidade — de erro não está na raiz daquilo que é tão refutável no consequencialismo, que transforma o delito em erro intelectual, desculpando-o? Quando, olhando em retrospectiva para a calamidade da Primeira Guerra Mundial, o kaiser disse "Ich hab' es nicht gewollt" ("Eu não queria isso"), ele falou como um consequencialista, como todos os apologistas que se arrependeram dos "erros" de Lenin e Mao.

E isso me leva de volta à questão dos motivos. A intuição fundamental por trás do meu argumento neste ensaio é que a moralidade existe em parte porque nos capacita a viver em termos negociados com outros. Podemos fazer isso porque agimos por razões e também reagimos a razões. Quando incorremos no desagrado daqueles que nos rodeiam, tentamos justificar nossas ações, e é parte da nossa responsabilidade o fato de que deveríamos buscar princípios que outros também possam aceitar e que sejam forçosamente imparciais, universais e legais. Quando o erro é nosso, nós nos culpamos, e pessoas boas se culpam mais severamente do que outras o fariam. Reconhecemos nossas obrigações para com aqueles que dependem de nós, e dos quais nós dependemos, e existimos no centro de uma esfera de responsabilidade que se estende a partir de nós com uma força que vai diminuindo através do mundo dos outros. Nossos princípios morais são o precipitado de relações pessoais, em que ficamos face a face com aqueles que têm algum direito em relação a nós e que estão mais interessados em nossas virtudes e vícios do que na nossa habilidade de derivar resultados a partir de dados inseridos em nossas calculadoras morais de bolso. Daí que o que Strawson chama de "atitudes reativas" — incluindo culpa, admiração e censura — forma a essência de nossos sentimentos morais, portando a marca indelével das relações Eu-Você nas quais estão, em última análise, enraizadas.[15]

Para dar um relato pleno do que isso implica, temos de ir além da ênfase na advocacia e resolução de conflito. A moralidade governa cada encontro pessoal e sua força irradia do outro. Por isso, procurando o motivo de nosso comportamento moral, devemos entender o que está envolvido na relação entre seres que se identificam na primeira pessoa e os que se dirigem à primeira pessoa do outro: a relação baseada na intencionalidade extrapolante que descrevi no segundo capítulo. Contratos surgem como um caso especial desse encontro "transcendental". Mas não são o único caso: pessoas dependem uma da outra de muitos modos, e, do ponto de vista da

---

[15] Strawson, "Freedom and Resentment".

moralidade, muitas vezes as formas não contratuais de dependência são as mais significativas — relações familiares, guerra, deveres de caridade e justiça para com estranhos.

VIRTUDE E VÍCIO

Lança-se luz sobre esse tema se voltarmos ao conceito da vida moral associado a Aristóteles, pois ele a defendeu em seus próprios termos na *Ética a Nicômaco*. Segundo esse conceito, a chave da vida moral é a virtude, e para Aristóteles a virtude consiste na habilidade de perseguir o que a razão recomenda, apesar dos motivos que lutam contra isso. Pode-se enfatizar isso assim na linguagem que tenho usado: a virtude consiste na habilidade de assumir plena responsabilidade pelos seus próprios atos, intenções e declarações diante de todos os motivos para renunciar a eles ou denunciá-los. É a habilidade de reter e sustentar o centro de primeira pessoa da nossa vida e emoções perante as tentações descentradoras de que estamos rodeados e que refletem o fato de que somos seres humanos, com medos e apetites animais, e não sujeitos transcendentais, motivados pela razão somente.

Pensadores antigos distinguiram quatro virtudes cardeais — coragem, prudência, temperança e justiça — e com ajustes e refinamentos, sua descrição da matéria resistiu ao teste do tempo. A coragem provê o exemplo mais simples e mais claro. O soldado lutando ao lado de seus companheiros tem medo, como eles, de ferimentos e morte. Nos piores momentos da batalha ele pode sentir-se arduamente tentado a correr em busca de segurança. Mas seu dever proíbe isso. Seu dever é ficar e lutar, para proteger seus companheiros e se comprometer com a causa da honra. Seu dever é algo que ele deve, e como confirmaram vários observadores, mesmo que a obrigação seja racionalizada como algo devido a um país, uma causa ou um ideal, é experimentada primeiro e sobretudo como algo devido aos companheiros, aqueles que dividem o risco de lutar, para com quem ele será *semper fidelis*, como expressa o lema ("*Semper fi*") dos fuzileiros navais norte-americanos.

Não é um dever contratual e não há "negociação" que possa resumir seus termos. Nasce como senso vivido de compromisso com outros, em cujo olhar o soldado é julgado. Nessas circunstâncias, o soldado tem de *calar* seu medo, de modo que só se possa escutar o chamado do dever. Razões aceitáveis de ação centram-se no "eu". São razões que podem se tornar *minhas* razões, razões que tanto explicariam o que eu faço quanto me justificariam aos olhos de qualquer pessoa diante da qual eu me considerasse responsável. Essas razões brotam daquilo "que eu sou verdadeiramente para mim mesmo" mais do que das "forças que agem sobre mim".[16] Por isso, medo, para o soldado, é algo a ser *superado*, o que não significa que ele deveria cortejar o perigo ou ignorar o fato de que ele *tem* medo e com bom motivo; significa muito antes que as considerações que justificam seu medo não deveriam prevalecer sobre aquilo que ele *tem de* fazer a seus próprios olhos, e aos olhos do mundo.

HONRA E AUTONOMIA

Kantianos argumentariam que, nesse caso, o soldado deveria ser motivado pela razão, atuando por "autonomia da vontade". É o que o soldado considera correto que fornece sua justificação e seu motivo. Motivos conflitantes, que devem sua força às emoções que operam fora da vontade, são descontados: ceder lugar a eles equivale à "heteronímia da vontade", o grande pecado contra o *self* que indica o caminho para o descentramento que descrevi no segundo capítulo. O motivo autônomo tem um caráter de legalidade: isso, para Kant, é o que significa a palavra *deveria* — isto é, que a ação está sendo prescrita como necessária. Através de nossas paixões somos sujeitos à "causalidade da natureza"; mas para Kant também existe uma

---

[16] Assim, na reconstrução de Christine Korsgaard da filosofia moral kantiana, a autoridade das razões práticas deriva em última instância da concepção do agente de sua identidade. Ver Christine Korsgaard, *Self-Constitution: Agency, Identity and Integrity* (Oxford: Oxford University Press, 2009).

"causalidade da razão" que age sobre nós de outro modo, e por assim dizer de outra perspectiva.

O firme nó do argumento de Kant é difícil de desatar, mas parece capturar muitas de nossas intuições sobre a peculiar força da moralidade e sobre o modo como o senso de dever nos coloca fora da ordem da natureza e contra ela. Somos criaturas governadas por leis e, mesmo quando as desafiamos, agimos acreditando que somos sujeitos a exigências não negociáveis — razões que têm o poder de silenciar considerações contrárias, por mais intimamente que representem nossos interesses empíricos.

De fato, não precisamos supor uma "causalidade da razão" a fim de entender o sentido da situação difícil do soldado. Basta reconhecer que o soldado, como qualquer pessoa, tem um senso de obrigação — senso de promessas feitas e recebidas, relações com outros que dependem de sua lealdade, responsabilidades assumidas, tudo isso armazenado em um lugar à parte no seu pensamento. Essas coisas estão armazenadas no eu, como compromissos "a serem honrados", e têm um status distinto na definição do senso do soldado quanto a quem ele é. Desonrá-las é possível. Mas o preço disso é a culpa, remorso e juízo adverso do *self* pelo *self*, como os que corroeram a vida do *Lord Jim* de Conrad.[17]

Aristóteles argumentava que coragem requer habilidade de perseguir o que a honra exige, apesar das considerações contrárias do medo e da ira. Também argumentava que essa habilidade é uma disposição — uma *hexis* — de um tipo não diferente dos motivos que conflitam com ela. Diferentemente de Kant, Aristóteles não reconhecia a razão como um motivo metafisicamente *diferente*; mas pensava que a disposição para seguir o que a razão comanda é um motivo *real*, que depende de se cultivar bons hábitos e coloca o agente exatamente na posição que Kant vê como central à vida moral: a posição de honrar obrigações, apesar das paixões que se opõem a elas.

---

[17] Joseph Raz argumentou que esses "motivos preventivos" são fundamentais para a mera ideia de lei, diferentemente de uma autoridade na razão prática. Veja seu *The Authority of Law*, 2 ed. (Oxford: Oxford University Press, 2009).

Aristóteles também afirmava que todas as virtudes cardeais compartilham uma estrutura de coragem. Cada uma dessas virtudes envolve uma disposição de perseguir o que a razão reconhece como honroso ou correto, diante de tentações contrárias. Essa disposição se adquire através da imitação e da consciência de estar sendo julgado. Virtudes são disposições que louvamos, e sua ausência é motivo de vergonha. Colocando isso em termos que tenho usado, é através da virtude que nossas ações e emoções permanecem centradas no *self*, e o vício significa o descentramento de ação e emoção, de modo que o *eu* e seu empreendimento já não têm o lugar central ou controlador em determinar o que alguém sente e faz. O vício é, literalmente, uma perda de autocontrole, e a pessoa viciada é aquela na qual não podemos confiar em questões de obrigação e compromisso.

A SRA. JELLYBY E O BOM SAMARITANO

Se aceitarmos essa cena ampla da vida moral, poderemos ver como estão distantes da moralidade comum as prescrições consequencialistas de Singer e Parfit. Esse ponto é apresentado vividamente por Dickens na personagem da sra. Jellyby, de *A casa soturna*, cuja postura autoelogiativa como pessoa benemerente, dedicada a melhorar a situação dos nativos de Borrioboola-Gha, coexistia com sua negligência em relação a todos os que dependiam diretamente dela e pelos quais era responsável — especialmente os filhos. As consequências reais das ações da sra. Jellyby tampouco lhes forneceram qualquer vindicação, pois o déspota de Borrioboola-Gha meramente sequestrou seus voluntários e os vendeu como escravos. E como ela poderia saber que ele não faria isso?

Não há evidência de que um professor universitário que pensou longa e tenazmente sobre melhorar o mundo, como Singer, será muito melhor em calcular as consequências de uma política dada do que a sra. Jellyby.

Pensemos em alguns dos termos discutidos por Singer: aborto, eutanásia, comer carne de animais. Como comparamos a felicidade de longo prazo das sociedades em que aborto é permitido com a felicidade de longo prazo daquelas em que o aborto é proibido? Só os mais frágeis primeiros movimentos podem ser feitos, como na justificativa de Parfit anteriormente mencionada, por uma moralidade que abre espaço para o amor pelos filhos, justificativas que não influenciariam em nada o argumento similarmente consequencialista de Platão em favor de tornar crianças propriedades do Estado. Comparados com nossas obrigações imediatas, fundadas em relações de responsabilidade e dependência, argumentos consequencialistas têm uma aparência arbitrária e dependem, para sua credibilidade, de uma hipótese sobre consequências que raramente passa de idealização (*wishful thinking*).

Isso não significa que somos livres para ignorar as consequências de nossas ações ou que não devamos buscar o melhor resultado para nossas escolhas morais, pois nesse aspecto também somos julgados. Nem significa que temos de permitir que nossos deveres, por menores que sejam, excedam o peso do bem que pode ser conseguido ignorando ou atropelando-os. Significa, antes, que raciocínio consequencial tem de assumir um segundo lugar na nossa visão de mundo em relação às obrigações que criam o coração motivacional da vida moral. Se não reconhecermos isso, podemos acabar com uma moralidade puramente intelectual, que nos permita desculpar qualquer ação que seja como um "erro" do raciocínio e recomendar qualquer curso de ação independentemente das reivindicações que outros tenham em relação a nós. Ou, se não tomarmos esse caminho e nos tornarmos jellybistas, podemos nos descobrir nos debatendo sob cargas impossíveis, na vã tentativa de saber qual o melhor modo de aplicarmos nossas energias e poderes na causa do "fazer o bem" e depois devotar nossas vidas a isso.[18]

Há um contraste interessante entre duas leituras possíveis da parábola de Cristo do "bom samaritano", dadas em resposta à pergunta "Quem é meu próximo?". A leitura ortodoxa nos diz que Cristo pregava que ignorássemos as distinções étnicas e religiosas e fizéssemos o bem aos outros de um modo

---

[18] Sobre alguns casos fascinantes de mártires do jellybismo, vejam Larissa MacFarquhar, *Strangers Drowning: Voyages to the Brink of Moral Extremity* (Londres: Allen Lane, 2015).

imparcial e universal. Dessa leitura é possível derivar uma moralidade consequencialista, que advoga soluções ótimas para nossos dilemas morais e ignora aquelas obrigações históricas que nos levam a fazer distinções entre povos e comunidades. Mas há outra leitura possível, em minha opinião, mais plausível, segundo a qual o samaritano se vê confrontado com uma obrigação *específica* para com uma pessoa *específica*. Sua assistência é oferecida em resposta a uma necessidade individual; não é uma contribuição para a soma do bem, mas uma obrigação para com um outro ser humano, que está pedindo ajuda imediata. Tendo assumido esse dever, o samaritano então reconhece que ele não é cumprido apenas com primeiros socorros. Depois de transportar a vítima a uma estalagem e pagar pelo auxílio que ali lhe prestam, o samaritano volta para ver como a pessoa está indo. Assume um compromisso concreto e reconhece que tem de acompanhar o assunto até o fim.

Nessa segunda leitura da parábola, a vida moral é representada mais ou menos como eu a descrevi, enraizada em obrigações pessoais. A primeira leitura torna possível pensar que o samaritano, tendo prestado aquela primeira ajuda, errou gastando tanto de seu dinheiro e tempo com a vítima, em lugar de mandar seu dinheiro para o povo de Borrioboola-Gha.

DIREITOS, MÉRITOS E DEVERES

Há um tipo de "cálculo de direitos e deveres" que nós, seres racionais, usamos a fim de estabelecer nossas disputas uns com os outros e chegar a um acordo em assuntos de interesse comum ou conflitante. O conceito de justiça faz parte desse cálculo e seu emprego capacita as pessoas a reivindicar uma esfera de soberania pessoal em que sua escolha é lei. Isso significa que, numa moralidade deontológica do tipo que tenho defendido, conceitos como correto e merecido terão um papel importante. Determinando nossos direitos e méritos, definimos os pontos fixos, lugares seguros, de onde as pessoas podem negociar e concordar. Sem esses pontos fixos, negociação e livre acordo dificilmente ocorrerão e, se ocorrerem, provavelmente seu resultado será instável. Se não tenho direitos, então o acordo entre nós não fornece nenhuma garantia de execução; minha esfera de ação está sujeita à constante invasão por outros, e não há nada que eu possa fazer para definir minha posição de um modo que obrigue você a reconhecê-la. Da mesma forma, sem conceito de mérito, estabelecendo a questão de quando o castigo é apropriado ou proporcional, remove-se um escudo vital do indivíduo, expondo-o a toda sorte de coerções.

Direitos e méritos, assim, nos capacitam a restabelecer uma sociedade em que a norma são os relacionamentos consensuais, e fazem isso definindo para cada um de nós uma esfera de soberania pessoal da qual outros podem ser excluídos. Direitos e méritos também definem deveres. Meu direito é seu dever, e, se eu não mereço o que você me faz, então você não tem direito de infligi-lo. Quando nos referimos a direitos, méritos e deveres, ao que devemos uns aos outros, e a ideias fundamentais como liberdade, justiça e espectador imparcial, estamos usando (direta ou indiretamente) o conceito de pessoa, que provê a perspectiva compartilhada a partir da qual abordamos praticamente todos esses assuntos. Comunidades humanas são comunidades de pessoas, e esse é o ponto de concordância a partir do qual começam nossas discordâncias.

Por esses motivos e outros relacionados, ter clareza sobre o conceito de pessoa é uma prioridade intelectual para nós. Aqueles que constroem uma doutrina política universal sobre o fundamento dos direitos humanos precisam de uma teoria que lhes diga que direitos fazem parte da nossa natureza — nossa natureza como pessoas — e quais são produto de convenção. Essa teoria será a teoria da pessoa. Marxistas que baseiam sua crítica à sociedade burguesa sobre a ideia de exploração e dignidade do trabalho se apoiam na ideia de que há uma relação plena e livre entre pessoas, que o sistema capitalista suprimiu. Essa visão exige uma teoria da pessoa. Teístas veem o objetivo da vida humana como conhecimento e amor por um Deus pessoal, cuja presença se revela na ordem natural. Podemos entender esse ponto de vista somente se tivermos uma teoria da pessoa. Liberais de esquerda veem a ordem política como mecanismo para reconciliar a liberdade individual com a "justiça social". Essa ideia também depende de uma teoria da pessoa. A suposta filosofia kantiana da pessoa empregada por John Rawls em sua defesa do Estado redistributivo é usada por Robert Nozick para atacá-lo. Em toda área de conflito político atualmente, encontramos o conceito de pessoa no centro da disputa, mas tratado como mera abstração, com pouca ou nenhuma atenção para seu contexto social e histórico.

A PESSOA E O SELF

Se o traço definidor da pessoa humana é a liberdade de fazer escolhas autônomas, então os libertários vão argumentar que governos e associações civis não têm direito de interferir com essas escolhas, exceto com o motivo proposto por John Stuart Mill, de proteger outros de dano.[19] Se o traço definidor da pessoa humana é antes a vida numa comunidade de ajuda mútua, então os comunitários vão argumentar que precisamos refrear estilos de vida antissociais e criar uma sociedade na qual cuidar dos outros é um fato institucional. Esses conceitos conflitantes de pessoa surgem porque os pensadores empregaram o conceito fora de contexto, procurando defini-lo em termos abstratos e sem referência ao modo como cada pessoalidade é um modo *de se tornar*, não apenas um jeito de ser. Libertários enfatizam a liberdade, mas não nos dão um relato real das origens da liberdade ou sua base metafísica. Comunitários enfatizam a dependência social, mas não conseguem explorar a diferença entre agrupamentos animais e agrupamentos de seres livres, cujas associações se fundam em contrato e consentimento, e cuja realização social só aparece no reconhecimento mútuo de sua autonomia individual.

Alego que esses conflitos podem ser entendidos, e em grande medida resolvidos, uma vez que entendamos a raiz do conceito de pessoa no en-

---

[19] Ver o argumento de John Stuart Mill, *Sobre a liberdade* (São Paulo: Hedra, 2010).

contro Eu-Você e na prioridade do conhecimento de primeira pessoa, tanto em criar as relações entre nós, quanto em nos mostrar exatamente quem e o que somos. Relações pessoais são uma *convocação à responsabilidade*. Respondo a você pelo que digo e faço, e de forma semelhante você responde a mim. Para colocar à maneira de Hegel, somos sujeitos um para o outro, não objetos, e o encontro sujeito a sujeito é de reconhecimento mútuo, em que cada um reconhece a autonomia do outro e também responsabiliza outros pelo que são e fazem. Minha liberdade não é uma erupção sem motivos no mundo dos acontecimentos humanos; é produto da minha condição social e traz consigo o ônus pleno da responsabilidade para com o outro e o reconhecimento de que a voz do outro tem tanta autoridade quanto a minha.

Se assim for, então deveríamos concluir que os libertários e os comunitários oferecem cada um uma meia-verdade. Liberdade e responsabilidade são coexistentes no agente humano. E o diálogo através do qual nos dirigimos uns aos outros envolve uma busca de motivos que importam tanto para mim quanto para você. No coração da comunidade humana existe a "busca comum" por motivos que serão válidos para todos nós. Na próxima vez em que você tiver uma briga com alguém, pode testar isso. Verá que você busca se justificar com motivos que o outro vai aceitar, cuja validade não depende dos desejos particulares que distinguem você, mas, antes, de assuntos enraizados na natureza humana e nas circunstâncias sociais partilhadas por ambos. Liberdade e comunidade se ligam pela sua própria natureza, e o ser realmente livre está sempre levando em conta os outros para coordenar sua presença com a deles.

Para nos desenvolvermos plenamente como pessoas, como tenho argumentado, precisamos das virtudes que transferem nossos motivos do centro animal para o centro pessoal do nosso ser — as virtudes que nos tornam senhores das nossas paixões. Essas virtudes não estão disponíveis fora de um contexto social densamente tecido. Sem formas socialmente aprovadas de educação, sem famílias e esferas de amor mútuo, sem a abordagem disciplinada de encontros eróticos, nossas emoções sociais certamente não estarão plenamente centradas no "eu". Seres humanos encontram sua plenitude no amor mútuo e na abnegação, mas chegam a esse ponto por um longo caminho de autoevolução, em que imitação, obediência e autocontrole são fatores necessários. Isso não é difícil de entender uma vez que vemos o desenvolvimento da personalidade nos termos sugeridos por Aristóteles. Mas é duro de praticar. Mesmo assim, quando entendermos as coisas corretamente, seremos motivados a colocar a virtude e os bons hábitos de volta ao lugar ao qual pertencem, o centro da vida pessoal.

4. Obrigações sagradas

Nem todos os filósofos morais norte-americanos são consequencialistas nos moldes de Singer. É mais comum ser um "contratualista", para quem a moralidade é um sistema de coordenação interpessoal entre pessoas com "conceitos do bem" que competem potencialmente entre si. A justificativa que subjaz a essa posição pode ter um elemento consequencialista, afirmando que o pensamento moral inculca hábitos de respeito e benevolência que garantem a segurança geral. Mas, em si, a moralidade consiste em "restrições laterais", para usar a expressão de Nozick, que transformam o acordo, e não a coerção, na fundação de nossa conduta social. Essas restrições laterais estão corporificadas num sistema de direitos e deveres: ao redor de cada indivíduo existe um muro de direitos que o protege da coerção injusta, e sobre cada indivíduo se impõe um conjunto de deveres a partir dos quais tais direitos ficam garantidos.

A filosofia política atual nasce de um quadro parecido, mas dá um passo adiante, explorando as virtudes de um Estado benevolente e habitualmente transformando a justiça social, e às vezes a liberdade, no objetivo abrangente do governo. Tanto para a filosofia moral como para a filosofia política, como são ensinadas na academia moderna, os instrumentos críticos da coordenação social são o sistema de direitos e de deveres, as virtudes que nos motivam a obedecer a ele e o apoio político que torna a obediência possível e coordena nossos vários e diversos projetos. A ordem política suplementa a moralidade com uma lei positiva destinada a garantir nossa liberdade e retificar as injustiças sistêmicas que emergem desse exercício. A lei moral e a lei positiva, por sua vez, são justificadas por teorias abstratas, entendidas inteiramente em termos da autonomia individual e das liberdades e dos direitos nela implicados.

Esse quadro, naturalmente com muitos acréscimos e qualificações sutis, subjaz à obra *Uma teoria da justiça*, de Rawls, e à *Anarquia, Estado e utopia*, de Nozick, junto com a visão de seres humanos assumida na filosofia legal de Ronald Dworkin e Joseph Raz e na filosofia moral de Tim Scanlon.[1] Da obra de David Gauthier, *Morals by Agreement*, e da Loren Lomasky, *Persons, Rights, and the Moral Community*, a *The Second-Person Standpoint*, de Stephen Darwall, e *Fronteiras da Justiça*, de Martha Nussbaum,[2] encontramos um acordo quase universal entre filósofos morais norte-americanos de que a autonomia individual e o respeito pelos direitos são as concepções enraizadas da ordem moral, com o Estado concebido ou como um instrumento de salvaguarda da autonomia, ou — se lhe for dado um papel maior — como instrumento para corrigir a desvantagem em nome da "justiça social".

Os argumentos dados para essas posições são invariavelmente seculares, igualitários e fundados numa ideia abstrata de escolha racional. E são argumentos atraentes, pois parecem justificar tanto uma moralidade pública quanto uma ordem política partilhada, de modos que permitem a coexistência pacífica de pessoas com diferentes crenças, diferentes compromissos e profundos desacordos morais. O quadro da vida moral que eu apresentei é amplamente compatível com esses argumentos. Mas também indica duas críticas importantes que podemos fazer a eles.

---

[1] John Rawls, *A Theory of Justice* (Oxford: Oxford University Press, 1971; ed. rev., 1999). Nozick, *Anarchy, State and Utopia* [Ed. bras.: *Anarquia, Estado e Utopia*. São Paulo: WMF Martins Fontes, 2011].
[2] David Gauthier, *Morals by Agreement* (Oxford: Oxford University Press, 1986). Loren Lomasky, *Persons, Rights, and the Moral Community* (Oxford: Oxford University Press 1987); Darwall, *The Second Person Standpoint;* Martha Nussbaum, *Fronteiras da justiça: deficiência, nacionalidade, pertencimento à espécie* (São Paulo: WMF Martins Fontes, 2010).

DUAS CRÍTICAS

A primeira crítica é que a posição contratualista falha em levar a sério nossa situação como organismos. Somos seres encarnados, e nossas relações são mediadas pela nossa presença corpórea. Todas as nossas emoções mais importantes têm ligação com esse fato: o amor erótico, o amor de filhos e pais, a ligação com o lar, o medo da morte e do sofrimento, a simpatia por outros em seu medo ou dor — e nenhuma dessas coisas faria sentido se não fosse nossa condição de organismos. O amor pela beleza também tem suas raízes em nossa vida corpórea e no aqui e agora de nossas alegrias. Se fôssemos agentes racionais sem corpo — "*selves* numenais" do tipo que se sentiria em casa no Reino dos Fins kantiano —, então os ônus morais seriam suportados com facilidade e consistiriam unicamente nas restrições secundárias necessárias para reconciliar a liberdade de cada um de nós com a igual liberdade dos nossos próximos. Mas somos seres encarnados, impelidos uns para os outros como tais, presos em emoções eróticas e familiares que criam diferenças radicais, exigências desiguais, ligações fatais e necessidades territoriais, e muito da nossa vida moral tem ligação com a negociação dessas regiões escuras da psique.

A segunda crítica é que nossas obrigações não são nem podem ser reduzidas àquelas que garantem nossa liberdade mútua. *Selves* numenais entram num mundo livres de laços e ligações exatamente pela razão de que não *entram* no mundo. Não têm uma situação, exceto na medida em que eles mesmos a criam através de sua livre atividade entre outros que estão no mesmo estado desancorado. Para nós, humanos, que entramos num mundo marcados pelas alegrias e pelos sofrimentos dos que abrem lugar para nós, protegidos em nossos primeiros anos e tendo oportunidades em nossa maturidade, o campo da obrigação é mais amplo do que o campo da escolha. Somos ligados por laços que nunca escolhemos e nosso mundo contém valores e desafios que vão bem além da confortável arena dos nossos acordos. Na tentativa de abranger tais valores e desafios, os seres humanos desenvolveram conceitos que têm pouco ou nenhum lugar nas teorias liberais do contrato social — conceitos do sagrado e do sublime, do mal e da redenção, que sugerem uma orientação totalmente diversa do mundo do que aquela que a moderna filosofia moral assume.

O desafio mais importante que meu relato da vida moral enfrenta é responder a essas duas objeções. Devo mostrar como a natureza encarnada e situada do agente humano pode ser reconhecida no nosso pensamento moral, como obrigações não escolhidas são formadas e justificadas, e como as experiências do mal e do sagrado contribuem para nossa consciência geral do que é importante. No capítulo 3, comentei as situações exploradas na tragédia grega, que parecem apresentar um conceito de culpa e responsabilidade que rivaliza com aquele que emerge das modernas teorias da pessoa. A ética de poluição e tabu, ou "vergonha e necessidade", que enxerga o mal como uma contaminação e associa o mal em todos os aspectos com nossa condição corpórea, parece mais indicada para lidar com a transgressão sexual, com nossos deveres para com os mortos e os ainda não nascidos, e com as experiências do sagrado, o sacrificial e o profano que despertam em todos nós essas poderosas torrentes de emoção. Mas essa ética é desprovida de qualquer fundamento filosófico claro e contraria radicalmente minha tentativa de fundamentar a moralidade em relações interpessoais.

MORALIDADE SEXUAL

Em seu estudo pioneiro, *Sexual Ethics*, publicado pela primeira vez em 1930, Aurel Kolnai argumentou que a moralidade sexual não pode derivar nem de um estudo de custos e benefícios, à maneira consequencialista, nem do imperativo categórico kantiano, com sua ênfase no *self* e na vontade.[3] O conceito central de qualquer ética sexual que mereça esse nome, acreditava Kolnai, é aquela de sujeira ou degradação (*das Schmutzig*). Kolnai não

---

[3] Aurel Kolnai, *Sexual Ethics: The Meaning and Foundations of Sexual Morality*, trad. Francis Dunlop (Londres: Ashgate, 2005).

expressava o assunto nos termos antropológicos que empreguei. Mesmo assim, permaneceu convencido de que esse sentimento de degradação é um indicador objetivo do que está em jogo no desejo sexual e sua expressão. E, para Kolnai, era a premissa num argumento destinado a justificar a visão católica romana de castidade, sacerdócio e casamento.

Na discussão da moralidade sexual por filósofos morais modernos, a ideia da degradação parece não ter espaço definido. A tarefa da filosofia é vista muitas vezes como aquela de "liberar" o impulso sexual para a obtenção de um gozo sem culpa, derrubando as superstições acumuladas no caminho dos nossos prazeres.[4] O tema crucial, como em todas as abordagens contratualistas, é o do consentimento — com o consentimento informado entre parceiros sendo considerado a condição necessária (e, para muitos pensadores, suficiente) para relações sexuais legítimas. Se o sexo consensual for alguma vez condenado nesse ponto de vista, será porque o consentimento de uma parte foi obtido por manipulação ou abuso de poder, como entre professor e aluno ou médico e paciente. As sugestões de que certos parceiros são proibidos (porque são do sexo errado ou na relação orgânica errada ou erradamente situados no mundo social), que sexo no casamento é moralmente de um tipo diferente do sexo fora do casamento ou de que há tentações reais a que deveríamos resistir mesmo quando a tentação é mútua — todas essas sugestões parecem infundadas, meras superstições remanescentes de uma era obscurantista.

Dito isso, é certamente verdade que aqueles que negam a si mesmos conceitos de degradação e profanidade não podem começar a entender plenamente os sentimentos de uma mulher vítima de estupro. Forçada contra sua vontade a experimentar seu corpo como função corpórea em vez de uma dádiva de si mesma, ela se sente assaltada e contaminada em seu próprio ser. E o modo como a vítima *percebe* o ato está internamente li-

---

[4] Exemplos incluem Igor Primoratz, *Ethics and Sex* (Londres: Routledge, 1999); Richard Posner, *Sex and Reason* (Cambridge, Mass.: Harvard University Press, 1992); Alan Soble, *Sex from Plato to Paglia: An Encyclopedia*, 2 vols. (Westport, Conn.: Greenwood Press, 2006); e assim por diante.

gado ao que o ato é. O sentimento de poluição e degradação não é *ilusão* de parte da vítima: é uma percepção acurada do que fizeram com ela, deliberadamente. Se formos seguir o relato de interesse sexual e prazer sexual fornecidos pela literatura padrão, porém, essa percepção deve parecer totalmente irracional, e as vítimas de estupro que fazem alarde devem ser comparadas a pessoas que tentam processar aquelas que lhes dão um encontrão na rua. (Por literatura padrão eu me refiro à bem conhecida corrente de pensamento que conheceu súbito crescimento com o Relatório Kinsey, cuja filosofia embasadora é resumida na enciclopédia de Alan Soble chamada *Sex from Plato to Paglia*.)

De forma semelhante ocorre com incesto. Podemos simpatizar com Siegmund e Sieglinde em *A Valquíria* porque eles reconhecem sua consanguinidade apenas num estado de excitação mútua — e depois nobremente a sancionam como um ato de desafio. Eles não tinham partilhado um lar; sua fraternidade lhes vai sendo revelada no correr do seu desejo mútuo. Deixando de lado tais casos excepcionais, o incesto desperta uma profunda repulsa em quase todos nós. Freud deu uma explicação para isso, argumentando que a repulsa pelo incesto é uma defesa contra um profundo desejo de cometê-lo. A psicologia evolucionista dá outra explicação, conflitante — isto é, essa repulsa é uma adaptação. Genes que não a produziram em seus avatares humanos extinguiram-se todos. Mas nem Freud nem a psicologia evolucionista nos põem em contato com o cerne moral desse assunto — que é a experiência de repulsa em si, que nós conceitualizamos como sugeri, através de noções de poluição e profanação. Esses conceitos explicam por que Jocasta se enforcou e por que Édipo arrancou os próprios olhos com um punhal. Em comparação, nem Freud nem a psicologia evolucionista decifram o que é — dos seus pontos de vista rivais — um comportamento altamente excêntrico.

A filosofia moderna concorda que a pessoalidade é uma categoria moral central — talvez o certificado de entrada no território dos temas morais. E muitos filósofos reconhecem que a pessoalidade é uma ideia relacional: você é uma pessoa na medida em que pode participar da trama de relações interpessoais que descrevi no capítulo 2. Portanto, para ser uma pessoa, você deve ter as capacidades que tornam possíveis essas relações. Elas incluem autoconsciência, responsabilidade e razão prática. Pessoas se enquadram no escopo da lei moral de Kant: têm de respeitar umas às outras como pessoas. Em outras palavras, deveriam conceder umas às outras uma esfera de soberania. Dentro da sua esfera de soberania, o que é feito e o que lhe acontece, na medida em que depende de escolhas humanas, depende de escolhas suas. Como argumentei no capítulo 3, isso só pode ser garantido se as pessoas são protegidas umas das outras por um muro de direitos e preservadas de agressão por um conceito de mérito. Sem direitos nem méritos, os indivíduos não são soberanos, mas súditos. Esses direitos e méritos são inerentes à condição de pessoalidade, não derivados de alguma convenção ou algum acordo. Em outras palavras, são "naturais".

Mas nada disso explica a repulsa contra o estupro. O conceito de um direito natural é uma noção formal demais, que nos diz que uma pessoa tem direito de não ser estuprada, uma vez que o estupro exclui consentimento, atropela a vontade e trata a outra pessoa como um meio de obter prazer. Naturalmente, tudo muito ruim. Mas a mesma ofensa é cometida por aquele que abraça uma pessoa contra sua vontade ou que, desconhecido do outro, excitado, observa esse outro se despindo. Sem o elemento de degradação, não identificamos a real medida do crime.

Isso não significa que a moralidade do respeito interpessoal seja irrelevante. Ao contrário, ela dá conta de muitas das nossas intuições morais. Mas o conceito liberal abstrato de pessoas como centros de livre escolha, cuja vontade é soberana e cujos direitos determinam nossos deveres para com elas, fornece apenas uma parte do pensamento moral. Pessoas podem ser degradadas, profanadas, maculadas. Se não enxergarmos isso, não apenas a moralidade sexual tradicional parecerá opaca e inexplicável, como também não seremos capazes de desenvolver qualquer moralidade sexual alternativa, mais adequada (poderemos supor) à era em que vivemos.

DESEJO E POLUIÇÃO

Muitos traços da nossa situação atual fornecem a confirmação incidental dessa questão. Por exemplo, há o sentimento crescente de repulsa contra a pedofilia. O que explica isso? Apenas que a criança ainda não atingiu a "idade do consentimento"? Abusar sexualmente de crianças será equivalente a servir álcool a um menor de idade? E será essa a única razão de condenarmos pornografia infantil ou querermos deixar a pornografia fora do alcance das crianças (sem falar, embora não faça sentido falar, do alcance de qualquer pessoa)? Ou analisemos os novos crimes sexuais cometidos frequentemente em um campus universitário, onde jovens acreditam, seja lá por que motivo, que consentimento é a única condição necessária e suficiente para "sexo do bem". Às vezes, o resultado é "sexo do mal" — aquela súbita sensação de violação que surge quando uma pessoa reconhece, tarde demais, que afinal *não* se trata apenas de consentimento. O resultado é uma acusação de estupro, em si um ataque injusto contra o sedutor, mas a última tentativa do acusador de entender seus próprios sentimentos morais. A confusão em que muitos jovens se encontram hoje em dia me parece uma prova de que a moralidade dessacralizada do consenso liberal é inadequada para lidar com nossas emoções sexuais.

A importância da ideia de contaminação já pode ser vista no fenômeno da excitação sexual. Esse não é um estado do corpo, embora envolva certas mudanças corporais. É o despertar de uma pessoa para a outra e uma forma de comunicação, na qual pensamentos de "eu" e "você" são fundamentais para a intencionalidade do que é sentido. As pessoas olham umas *para* as outras, como o fazem os animais. Mas também *olham para o interior* umas das outras, particularmente quando estão mutuamente excitadas. O olhar de desejo é como uma convocação, um chamado para o outro *self* mostrar-se nos olhos, tecer sua própria liberdade e individualidade nessa irradiação que explora o outro. Na sua incomparável descrição da fenomenologia do desejo, Sartre destaca essa experiência como indicadora de desejo e sinal de seu caráter metafísico — do fato de que se endereça a outro como sujeito livre, não como objeto.⁵ Para Sartre, o olhar de desejo (*le regard*) convoca a liberdade do outro, e ele liga esse traço à carícia do desejo, tão diferente da carícia afetuosa, mas mesmo assim tão difícil de distinguir que conjura a subjetividade do outro para a superfície do corpo, para ali ser revelada e conhecida. A carícia e o toque de desejo têm um caráter *epistêmico*: são uma exploração, não de um corpo, mas de um ser livre em sua corporificação. Mas o sujeito assim convocado está em risco. O olhar que olha para dentro do outro pode mudar rapidamente para o olhar que olha *para* o outro, avaliando o corpo sem reconhecer o sujeito cujo corpo é aquele. A possibilidade de poluição e profanação existe nesse mesmo fenômeno.

Parece-me que mais ou menos desse modo podemos usar a filosofia da pessoa para reconstruir algumas das verdades tornadas vívidas pela ética da poluição e do tabu: foi o que tentei fazer em meu livro *Desejo sexual*, em que argumento que os fenômenos do desejo podem ser entendidos como partes de uma negociação mútua entre seres livres e responsáveis, que querem um ao outro como pessoas.⁶ Como indiquei no segundo capítulo, pessoas são indivíduos, não apenas no débil sentido de serem substâncias que podem ser reidentificadas e sofrer mudanças, mas no intenso sentido de serem identificadas, tanto por si mesmas quanto por outros, como únicas, insubstituíveis, *não admitindo substitutos*. Kant tentou capturar isso na sua teoria das pessoas como "fins em si mesmas". De alguma forma, o ser livre é, aos olhos de todos aqueles que mantêm uma relação pessoal com ele, o ser que ele é, jamais substituível por um outro equivalente. Nas relações importantes, não há equivalentes. Por isso, sempre haverá mais na moralidade sexual do que negociações de seres livres seguindo a regra do consentimento. Seu estado como indivíduos encarnados que não podem ser substituídos uns pelos outros é o que está, sobretudo, em risco.

---

⁵ Jean-Paul Sartre, *Being and Nothingness*, trad. Hazel Barnes (Londres: Methuen, 1960), p. 424 [Ed. bras.: *O ser e o nada*, 24ª ed. Petrópolis: Vozes, 2011].
⁶ Roger Scruton, *Desejo sexual: uma investigação filosófica*. São Paulo: Vide Editorial, 2016.

PIEDADE

Isso me leva à segunda objeção: a que começa pelo caráter determinado do agente moral, limitado por requisitos morais não escolhidos. O conceito antigamente usado para articular esses requisitos era o da piedade — *pietas* —, que para muitos pensadores romanos identifica o verdadeiro centro da prática religiosa e do quadro mental religioso. Piedade é uma postura de submissão e obediência diante de autoridades que você nunca escolheu. As obrigações da piedade, diferentemente das obrigações de um contrato, não nascem do consentimento para se ligar a elas. Surgem da aflição ontológica do indivíduo.

Deveres filiais são um exemplo claro. Não consenti em nascer de certa mulher e ser educado por ela. Não me liguei a ela por um contrato, e não há conhecimento prévio de qual será meu dever com ela em qualquer momento ou o que poderá cumpri-lo. A filosofia confuciana coloca um peso enorme em obrigações desse tipo — obrigações do *li* — e considera que a virtude de uma pessoa se mede quase inteiramente segundo padrões de piedade. A habilidade de reconhecer e agir com relação a obrigações não escolhidas indica um caráter mais profundamente imbuído de sentimento confiável do que a habilidade de fazer acordos e obedecer a eles — esse é o pensamento.

Nossa academia filosófica política tem suas raízes no Iluminismo, no conceito de cidadania que emergiu com o contrato social, e no desejo de substituir a autoridade herdada por uma escolha popular como princípio da legitimidade política. Não surpreende que ela tenha tido pouco tempo para a piedade, que — quando é reconhecida — fica confinada à esfera privada ou àquelas "concepções do bem" que Rawls deixa de lado na sua versão do contrato social, uma vez que são prova de que, em seus corações, pessoas comuns não se parecem em nada com as ficções numenais que Rawls imaginara. Seria lícito dizer, penso eu, que a tarefa principal do conservadorismo político como o representam Burke, Maistre e Hegel foi devolver as obrigações piedosas ao lugar ao qual pertencem, no centro do quadro. E estavam certos ao empreender essa tarefa. Uma coisa inaceitável nas filosofias políticas que competem por nossa aprovação atualmente é seu fracasso em reconhecer que a maior parte do que somos e devemos foi adquirido sem nosso próprio consentimento.

Na obra *Princípios da filosofia do direito*, de Hegel, a família é definida como uma esfera de obrigações piedosas, e a sociedade civil como uma esfera de livre escolha e contrato.[7] E há uma oposição dialética entre elas, com jovens naturalmente lutando contra os laços de família a fim de se lançar na esfera das escolhas — apenas para serem aprisionados pelo amor e pelo novo laço não escolhido que dele nasce. Esse conflito dialético alcança equilíbrio, para Hegel, unicamente porque está *aufgehoben*, transcendido e preservado, numa forma mais elevada de obrigações não escolhidas — aquelas em relação ao Estado, que rodeia e protege todos os nossos arranjos, oferecendo a segurança e a permanência da lei. O laço de aliança que nos amarra ao Estado é mais uma vez um laço de piedade — não diferente do quase contrato entre os vivos, os não nascidos e os mortos sobre o qual Burke escreve de forma tão comovente em sua resposta a Rousseau.[8]

Elaborando essas ideias sugestivas numa linguagem adequada ao tempo e ao lugar em que vivemos não é fácil. Mas, se isso não for feito, jamais chegaremos a uma visão de ordem política que lhe conceda qualquer status mais seguro do que um acordo provisório e indefeso. Para elaborar isso plenamente, acredito eu, devemos aceitar a visão profunda que Burke, Maistre e Hegel partilham: o destino da ordem política e o destino da família são interligados. Famílias, e as relações nelas incluídas, são traços não acidentais da vida interpessoal, assim como a experiência de poluição e violação que descrevi anteriormente.

---

[7] G. H. W. Hegel, *Princípios da filosofia do direito*. São Paulo: Martins Fontes, 1997.
[8] Edmund Burke, *Reflexões sobre a revolução na França*. São Paulo: Edipro, 2014.

SAGRADO E PROFANO

Em todas as sociedades, os ritos de passagem têm um caráter sacramental. São episódios em que os mortos e não nascidos estão presentes. Os deuses têm um interesse ardente nesses rituais, às vezes participando em pessoa. Nesses momentos, o tempo para; ou, melhor, eles são peculiarmente atemporais. A passagem de uma condição a outra ocorre fora do tempo — como se os participantes por um momento se banhassem na eternidade. Quase todas as religiões tratam os ritos de passagem desse modo, como "ponto de intersecção do atemporal com o tempo", parafraseando T. S. Eliot.

Rituais de nascimento, casamento e morte são, pois, exemplos primevos do sagrado. Tais eventos são "retirados" do curso da vida cotidiana e "oferecidos" ao reino das coisas eternas. Alguns antropólogos e sociólogos se aventuraram a explicar essa experiência, o mais conhecido sendo talvez René Girard, que traça a experiência do sagrado ao uso de um bode expiatório através do qual as comunidades se livravam de seu ressentimento endógeno. A teoria de Girard, como a teoria da moralidade de Nietzsche, se expressa como uma genealogia, ou, antes, um "mito criador": uma descrição fantástica das origens da sociedade humana da qual se deriva um relato de sua estrutura atual.[9] E, como Nietzsche, Girard encara a condição primeva da sociedade como uma de conflito. A experiência do sagrado nasce do esforço de resolver esse conflito.

Segundo Girard, sociedades primitivas são invadidas pelo "desejo mimético", quando rivais lutam para equiparar as aquisições sociais e materiais uns dos outros, aumentando assim o antagonismo e precipitando o ciclo da vingança. A solução é identificar uma vítima, alguém marcado pelo destino como "fora" da comunidade e, por isso, sem direito à vingança contra ela, que pode então ser objeto da sede de sangue acumulada e acabar com a cadeia de retribuição. Escolher um bode expiatório é o modo de a sociedade recriar a "diferença" e assim se restaurar. Unindo-se contra o bode expiatório, as

---

[9] Ver René Girard, *A violência e o sagrado*. Rio de Janeiro: Paz e Terra, 1990.

pessoas são liberadas de suas rivalidades e se reconciliam. Através da morte, o bode expiatório purga a sociedade de sua violência acumulada. A santidade resultante do bode expiatório é o eco prolongado do assombro, do alívio e da religação visceral com a comunidade experimentados com a morte. Na visão de Girard, deveríamos ver uma tragédia como *Édipo Rei*, de Sófocles, como o novo relato do que foi originalmente um sacrifício ritual, em que a vítima é escolhida para focar e confinar a necessidade de violência. Através de incesto, realeza ou húbris mundana, a vítima é marcada como alguém de fora, que não está conosco, e que por isso podemos sacrificar sem reiniciar o ciclo da vingança. Assim, a vítima é ao mesmo tempo sacrificada e sagrada, fonte e ao mesmo tempo cura dos males da cidade.

Em muitas histórias do Velho Testamento, vemos os antigos israelitas lutando contra esse impulso sacrificial. As histórias de Caim e Abel, de Abraão e Isaac, de Sodoma e Gomorra são resíduos de longos conflitos pelos quais o ritual foi desviado da vítima humana e ligado primeiramente a sacrifícios de animais e, finalmente, a palavras sagradas. Por esse processo, uma moralidade viável emergiu de competição, do conflito e das rivalidades da predação sexual. Do ponto de vista de Girard, a religião não é fonte de violência, mas solução para ela — a superação do desejo mimético e a transcendência dos ressentimentos e invejas que tentam as comunidades humanas por meio de sua dinâmica competitiva.

A teoria é problemática por muitos motivos, inclusive porque parece assumir aquilo que tenta explicar — isto é, que a vítima original já possui, em seu estado sacrificial, a aura da santidade. Nisso ela reproduz a falha exibida por Nietzsche em sua "genealogia" da moral. Talvez essa seja uma dificuldade para todos os relatos genealógicos — ou começam com um estado em que esse conceito já foi aplicado ou não conseguem mostrar como podemos aplicá-lo. Além disso, a teoria de Girard parece não incluir o principal exemplo do sagrado como o descrevi: o rito de passagem em que a comunidade se afasta provisoriamente do tempo. Ignorando essas fraquezas, a teoria aborda aqueles aspectos da moralidade pertinentes à ética de poluição e tabu. Sacrifício, morte, conspurcação e miasma — todos estão embrulhados no senso primevo do sagrado, como uma intromissão no mundo da liberdade humana, vinda de um lugar além dela. Coisas sagradas são, a um só tempo, proibidas (para os não iniciados) e recomendadas (para os que gostariam de viver no caminho da verdade). São reveladas em "sacramentos" — isto é, ações que elevam seus participantes para uma esfera mais alta, instalando-os entre os imortais. Além disso, podem ser profanadas e poluídas — e esse é seu traço mais notável. Quem toca os objetos sagrados sem a devida reverência ou num estado "não iniciado", ou que debocha deles ou cospe neles, comete uma espécie de crime metafísico. Traz o sagrado para o mundo das coisas cotidianas e elimina sua aura. Pois essas pessoas tradicionalmente sofreram os castigos mais terríveis, e o desejo de punir permanece até este dia. Além disso, Girard nos apresenta, em termos vívidos, a ligação entre o sagrado e o sacrificial, bem como a importância de ambos para nossa natureza como seres mortais e encarnados. A morte é o cenário de todos os objetos e emoções sagrados, como a coisa que eles prefiguram ou a coisa que os transformou no que eles são.

EVOLUÇÃO E O SAGRADO

A psicologia evolucionista não vai achar nada estranho numa visão que dá um lugar central a conceitos de poluição, piedade e sagrado na vida do agente moral. Esses conceitos, e as concepções que os expõem, são facilmente vistos como racionalizações das "estratégias evolucionariamente estáveis" dos genes que os impelem. E, com efeito, quando se trata de sexo e moralidade sexual, é notável ver como é largo o abismo entre o que a psicologia evolucionista nos levaria a esperar e o que a moralidade liberal poderia reconhecer como legítimo. Mas eu hesito em me apoiar na psicologia evolucionista pela razão que já elaborei. Um traço é considerado uma "adaptação" assim que se pode demonstrar que sua ausência seria uma desvantagem genética. Nesse sentido, a repulsa ante o incesto é claramente uma adaptação. Mas isso não diz nada sobre *os pensamentos* nos quais se baseia essa repulsa, nada sobre a *profunda intencionalidade* dos sentimentos que se propõe a explicar. Por isso, é inteiramente neutro no que diz respeito à justificação real e à base ontológica dos conceitos usados para expressá-los. Uma psicologia evolucionista da religião quase certamente vai mostrar que a crença religiosa é uma vantagem reprodutiva, exatamente como a competência matemática é uma vantagem reprodutiva (todos os outros terão morrido).[10] Mas a psicologia evolucionista deixará as questões sobre epistemologia religiosa no lugar em que estão, assim como deixa inalterado o padrão da prova matemática.

Assim, não podemos nos fiar nela para corroborar os conceitos e concepções que tenho examinado. Mesmo que aceitemos a elaborada história contada por Girard quanto à origem da noção do sagrado nos bodes expiatórios e na violência ritual, isso não nos *autoriza* a usar esse conceito ou as notáveis concepções que o acompanham. Pois coisas sagradas são vistas como pertencendo a *outra ordem* que não a do mundo empírico. São visitantes de outra esfera: marcam os lugares no mundo empírico de onde lançamos nossos olhos para o transcendental. Poderíamos *justificar* descrevendo-os dessa maneira exclusivamente negativa, mostrando a inadequação de qualquer análise puramente empírica em capturar seu conteúdo e insistindo que é um conteúdo *genuíno* e que o entendemos claramente.

ALGUNS COMENTÁRIOS SOBRE O MAL

Meu argumento me leva a uma posição difícil: quero dizer tanto que conceitos como piedade, poluição e sagrado são necessários para nós, quanto que seu significado e sua base podem derivar da filosofia da pessoa que escolhe livremente, como tenho explicado. Sem transgredir as suposições ontológicas do contratualismo liberal, quero restaurar o quadro completo

---

[10] Ver David Sloan Wilson, *Darwin's Cathedral: Evolution, Religion, and the Nature of Society* (Chicago: University of Chicago Press, 2002).

do agente moral encarnado, como o conhecemos da literatura, da arte e da religião da nossa civilização. Outros conceitos também estão envolvidos no preenchimento do quadro, notavelmente os conceitos de beleza e de mal. Lidei com o primeiro em outro livro.[11] Em lugar da conclusão de um argumento que se abre para uma ampla paisagem intelectual, farei uns poucos comentários sobre a segunda dessas ideias, ponderando sua conexão com a visão de mundo religiosa, e deixarei o leitor refletir sobre como os argumentos deste capítulo podem ser incorporados a uma teoria da pessoa que seja crível.

Distinguimos as pessoas más das que são apenas ruins. Pessoas ruins são como você e eu, apenas piores. Pertencem à comunidade, mesmo que se portem mal. Podemos argumentar com elas, melhorá-las, fazermos as pazes e, ao fim e ao cabo, aceitá-las. São feitas, como nós, "da madeira torta da humanidade".[12] Mas há pessoas más que não são assim, uma vez que não pertencem à comunidade, mesmo residindo em seu território. Seu mau comportamento pode ser demasiado secreto e subversivo para ser notado, e qualquer diálogo com elas será, de parte delas, um fingimento. Nelas não há material para melhorias, nenhum caminho de aceitação, e, mesmo se as consideramos humanas, seus erros não são a variedade normal e remediável, mas têm outra origem, mais metafísica. São visitantes de outra esfera, encarnações do Diabo. Mesmo seu charme — é fato sabido que pessoas más muitas vezes têm seu charme — é apenas outra prova da sua alteridade. Em algum sentido, são a negação da humanidade, total e inaturalmente à vontade com aquilo que buscam destruir.

A caracterização da maldade é resumida na famosa fala que Goethe põe na boca de Mefistófeles, *"Ich bin der Geist, der stets verneint"* ("Eu sou o espírito que sempre nega"). Onde a pessoa ruim é guiada por interesse próprio ao ponto de ignorar ou passar por cima de outras que estão em seu caminho,

---

[11] Roger Scruton, *Beleza*. São Paulo: É Realizações, 2009.
[12] Immanuel Kant, *Ideia de uma História Universal de um Ponto de Vista Cosmopolita*. São Paulo: WMF Martins Fontes, 2011, Sexta proposição.

a pessoa má é profundamente interessada nos outros, tem desígnios quase altruístas para eles. O objetivo não é usá-los, como Fausto usou Margarida, mas roubá-los de si mesmos. Mefistófeles espera roubar e destruir a alma de Fausto, e, nesse caminho, destruir a alma de Margarida. Hoje em dia poderíamos usar a palavra *self* em vez de *alma*, a fim de evitar conotações religiosas. Mas essa palavra é apenas outro nome para o mesmo mistério metafísico em torno do qual nossas vidas são construídas — o mistério do ponto de vista subjetivo. Pessoas más não são necessariamente ameaças ao seu corpo: mas são ameaças ao seu *self.*

Não devíamos nos surpreender ao constatar, por isso, que pessoas más seguidamente nos parecem obscuras. Por mais lúcidos que sejam seus pensamentos, por mais transparentes que sejam seus atos, seus motivos são de alguma forma sinistros, inexplicáveis, até sobrenaturais. A afabilidade e o charme de Mefistófeles não disfarçam o tormento interior que ele traz consigo do local onde reside. Mas quando se trata de Iago, por exemplo, o vilão da peça *Otelo*, de Shakespeare, ficamos intrigados. Ele nos convence como personagem, mas nossa convicção nasce do assombro que Iago cria em nós. Através de suas palavras e atos, Iago provoca o reconhecimento espantado de que ele realmente pretende destruir Otelo, que não há motivo suficiente além do desejo de fazer essa coisa terrível, e que não há súplica ou raciocínio que o possa desviar desse caminho. Afinal, Iago procura destruir Otelo fazendo Otelo destruir Desdêmona, que não fez mal nenhum a Iago. É a incompreensível natureza do motivo de Iago, como se fosse *numenal*, que o capacita de modo tão eficaz a escondê-lo. Espiando dentro da alma de Iago, encontramos um vácuo, um nada; como Mefistófeles, ele é uma grande negação, uma alma composta de antiespírito, como um corpo composto de antimatéria.

A pessoa má é como uma fratura no nosso mundo humano, através da qual podemos vislumbrar algo do vácuo. E aqui, parece, está uma explicação do fenômeno resumido por Hannah Arendt na expressão "a banalidade do mal", que ela usou para descrever o que viu como a mente burocrática de

Adolf Eichmann.[13] A terrível destruição que foi causada — e deliberadamente causada — sobre seres humanos recentemente em nome dessa ou daquela ideologia política não foi causada tipicamente por pessoas más. Na verdade, como mostrou Bettina Stangneth, Eichmann alimentava um ódio patológico por judeus, e de modo algum se julgava apenas um burocrata, como imaginava Arendt.[14] Mas podemos assumir prontamente que a falsa descrição que Arendt faz de Eichmann na verdade se aplica a outros comandantes dos campos de concentração, muitos dos quais eram burocratas, dados a obedecer a ordens e dispostos a sacrificar a consciência pela própria segurança quando chegasse o tempo de desobedecer. A tortura, a degradação e a morte, que era seu papel fingir ignorar, a seus próprios olhos talvez não fossem ação deles, mas antes os efeitos inevitáveis da máquina posta em movimento sem sua ajuda. O mal ocorria ao seu redor, mas não era cometido por eles.

Naturalmente, repudiamos as desculpas dessa gente e os consideramos responsáveis pelo sofrimento que poderiam — a certo preço — ter remediado. Reconhecemos que o campo de morte não era apenas uma coisa ruim que acontecia, mas um mal infligido. E todos os oficiais estavam implicados nesse mal. Arendt e Stangneth indicam que os campos não eram destinados apenas a destruir seres humanos, mas também a privá-los de sua humanidade. Os internos eram tratados como coisas, humilhados, degradados, reduzidos a uma condição de uma necessidade pura, não atendida, que tudo consumia, e que eliminaria neles os últimos vestígios de liberdade. Em outras palavras, o objetivo incluía de um lado aquele perseguido por Iago e de outro o perseguido por Mefistófeles, que era roubar as almas dos internos. Os campos eram animados pelo antiespírito, e as pessoas presas neles cambaleavam por ali como se oneradas por um grande sinal de negação. Esses anti-humanos eram repulsivos e verminosos para aqueles a quem era permitido observá-

---

[13] Hannah Arendt, *Eichmann em Jerusalém*. São Paulo: Companhia das Letras, 1999.
[14] Ver Bettina Stangneth, *Eichmann before Jerusalem: The Unexamined Life of a Mass Murderer* (Londres: Bodley Head, 2015).

-los. Assim, seu extermínio podia ser apresentado como uma necessidade, e seu desaparecimento em um esquecimento compartilhado se tornava o equivalente espiritual de matéria despencando num buraco negro.

Por isso, não devemos entender que os campos são terríveis da mesma forma que um terremoto, um incêndio florestal ou a fome, embora esses desastres naturais produzam a mesma quantidade de sofrimento. Os campos não existiam somente para produzir sofrimento; destinavam-se a erradicar a humanidade de suas vítimas. Eram modos de usar o corpo para destruir o sujeito ali encarnado. Uma vez removida a alma, a destruição do corpo não seria encarada como assassinato, mas antes uma espécie de controle de pragas. Eu identificaria isso como paradigma do mal, isto é, a tentativa ou desejo de destruir a alma de outro, de modo que seu valor e sentido fossem apagados. Dessa maneira, o torturador deseja que a vontade, a liberdade, a consciência e a integridade da vítima sejam destruídas pela dor, a fim de saborear a visão do que Sartre descreve como "liberdade abjurada".[15] Em outras palavras, o torturador usa o corpo para dominar e destruir a primeira pessoa de outro ser e se delicia com a ruína e a humilhação que podem ser produzidas pela dor.

Descrevi os campos de extermínio em termos de um objetivo. Mas objetivo de quem, exatamente? Essa questão nos coloca frente a frente com outro dos mistérios do mal, exercitado por muitos escritores ultimamente, de Orwell a Soljenítsin. Pergunte a qualquer indivíduo se ele pretendia a degradação dos campos de concentração, e muitas vezes é difícil obter uma resposta. Naturalmente, alguns dos líderes nazistas, incluindo Eichmann, pretendiam isso, pois eram animados por um ódio que exigia extremos de maus-tratos. No caso soviético, porém, os campos continuaram por muito tempo após a morte de Lenin, de Stalin e de sua corte, quando não existia mais ninguém que tivesse desejado esse resultado, quando possivelmente até os envolvidos em vigiar o sistema se arrependiam de sua existência e

---

[15] Jean-Paul Sartre, *L'être et le Néant* (Paris, 1943), trad. Hazek E. Barnes (Londres: Methuen, 1957, p. 393-407) [Ed. bras.: *O ser e o nada*, 24ª ed. Petrópolis: Vozes, 2011].

ninguém que tivesse tomado aquelas decisões cruciais se via como qualquer coisa além de impotentes peças dessa engrenagem.[16]

Dizer, como muitos fazem, que os campos eram obra do Diabo é repetir o problema, não resolvê-lo. Pois por que exatamente *essa* metáfora se intromete em nossa linguagem quando tentamos justificar os fatos? A questão é paralela àquela da liberdade humana. Do ponto de vista da ciência biológica, a liberdade também pode parecer uma metáfora; mas o conceito nos é imposto pela própria vida, quando tentamos nos relacionar uns com os outros como seres humanos. Na minha opinião, um dos maiores insights de Kant é ter reconhecido que somos compelidos pelo próprio esforço de comunicação a tratar uns aos outros não como meros organismos ou coisas, mas como pessoas que agem livremente, que são racionalmente responsáveis e que devem ser tratadas com fins em si mesmas. E, mesmo se pensarmos a teoria kantiana da liberdade como um erro metafísico, não podemos negar o fenômeno que ela tenta explicar. Da mesma forma, podemos negar essa ou aquela teoria do mal como repleta de suposições metafísicas injustificáveis. Mas o fenômeno *em si* é metafísico — não é *deste* mundo, embora esteja *nele* — e isso nos leva a descrevê-lo como o fazemos.

MORAL E FÉ

O conceito de mal, como o de sagrado, descreve forças que parecem ser impostas em nossas vidas de outro lugar. Nosso entendimento dessas forças tem o mesmo tipo de intencionalidade extrapolante que atribuo às reações interpessoais. Como dito no primeiro capítulo, há em nossa visão do mundo uma apreensão do transcendente — uma tentativa de alcançar além do que está dado até o horizonte inacessível do outro *self*.[17] Essa apreensão informa todas as nossas interações interpessoais; mas também invade nossa

---

[16] Anne Applebaum, *Gulag*. Rio de Janeiro: Ediouro, 2009.
[17] Elaborei esse ponto em meu *A alma do mundo* (Rio de Janeiro: Record, 2017).

experiência como um todo. É uma experiência cuja inefabilidade é parte do que é valorizado, pois se volta para uma esfera que não pode ser alcançada por qualquer esforço meramente humano nem pode ser conhecida a não ser desse modo.

Há uma tradição na filosofia, começando com Platão, que considera as doutrinas da recompensa e do castigo divinos menos como apoio para a vida moral do que como meio de depreciá-la. Defensores dessa tradição estão certos em insistir que o motivo moral é diferente de esperanças e medos nos quais as religiões a apoiam. Mesmo assim, a ligação entre moralidade e religião não é um acidente, e as considerações levantadas neste capítulo mostram por que é assim. Como pessoas, nos tornamos responsáveis pelas nossas ações e estados mentais. O próprio hábito de encontrar motivos que nos justificariam aos olhos de outros nos leva a exigir tais razões de nós mesmos. Assim, mesmo quando não somos observados, estamos sendo julgados. A consciência de nossas faltas pode nos esmagar: procuramos exoneração e muitas vezes sentimos remorso, sem conhecer a pessoa humana a quem se poderia pedir perdão. É isso que significa o pecado original, "o crime da própria existência", como diz Schopenhauer — *Die Schuld des Daseins*, a culpa de *existir enquanto indivíduo*, em livre relação com a nossa espécie.[18]

Tais sentimentos de culpa podem ser mais ou menos intensos. Algumas pessoas são peritas em cultivá-los — Al-Ghazālī, por exemplo, Kierkegaard, Novalis. Mesmo em pessoas normais, *hommes moyen sensuels*, esses sentimentos cotidianos sobrevivem a qualquer tentativa de os aquietar. E causam o grande anseio que encontra voz na arte trágica e que envolve nossos mais urgentes amores e receios neste mundo: o anseio por redenção, pela benção que nos livre de nossa culpa. Vislumbres dessa culpa são sentidos por experiências-limite, como apaixonar-se, recuperar-se de uma

---

[18] Arthur Schopenhauer, *Die Welt als Wille und Vorstellung* [*O mundo como vontade e representação*], livro 3, 51, em *Sämtliche Werke*, org. Arthur Hübscher (Wiesbaden: Eberhard Brockhaus Verlag, 1940), vol. II, p. 300, escrevendo sobre a tragédia, que se liga ao pecado original, "die Erbsünde, d. h. die Schuld des Daseins selbst" ["o pecado original, i.e., a culpa da existência em si mesma"].

enfermidade, ter um filho e contemplar com assombro as sublimes obras da natureza. Nesses momentos, estamos no limiar do transcendental, buscando o que não pode ser atingido ou conhecido. E aquilo que buscamos alcançar, por prometer redenção, tem de ser entendido em termos pessoais. É a alma do mundo, a primeira pessoa do singular que falou com Moisés na sarça ardente.

Essa busca do que é ao mesmo tempo transcendental e pessoal também envolve a ética de poluição e tabu; anima a distinção entre sagrado e profano; e confere sentido às ideias de bem e mal. A suprema benção, o perdão do Redentor, também é uma purificação, uma limpeza do espírito, uma superação da alienação. É isso que vislumbramos e buscamos na oração e naqueles momentos em que nosso espírito se abre para o sublime. Nesses momentos, aceitamos nosso ser como uma dádiva — ele nos foi *concedido*, e essa outorga é o ato primeiro da criação. E, no encontro com o mal, vemos o oposto dessa dádiva, a força negativa que *toma* o que foi dado e foca especialmente na pessoa, na alma, o lugar onde a dádiva do ser pode ser mais claramente revelada e entendida, e mais espetacularmente destruída.

Esses pensamentos e experiências representam um tipo de depósito na mente do ser moral — não uma teoria explícita do mundo, mas um resíduo da existência individual, que se acumula como mofo de folhas na floresta, alimentando as plantas que o alimentam. Religião, assim vista, é tanto um produto da vida moral como a coisa que a sustenta. Entendendo o mundo como a dádiva de uma pessoa transcendental, cuja presença real está exposta nos momentos sagrados e que purifica os que rezam, plantamos nosso pensamento moral no solo fértil da prática religiosa. Bem e mal, sagrado e profano, redenção, pureza e sacrifício, tudo então faz sentido para nós, e somos guiados ao longo de uma trilha de reconciliação, tanto com as pessoas em torno de nós quanto com nosso próprio destino como seres mortais. Mesmo para aqueles que não consideram os dogmas da religião como literalmente verdadeiros, a postura religiosa e os rituais que a expressam fornecem outro tipo de apoio para a vida moral. Religião, assim entendida, é uma *consagração* de nosso ser.

Esses pensamentos são apenas sugestões. Mais do que onerar esta breve obra com minhas próprias tentativas de as explicar, refiro-me em vez disso às duas grandes obras de arte que tentaram mostrar o que a redenção significa para nós no mundo do ceticismo moderno: *Os irmãos Karamazov*, de Dostoievski, e *Parsifal*, de Wagner. No rastro dessas duas grandes realizações estéticas, parece-me, a perspectiva da filosofia não tem grande significado.

Índice onomástico

A
Adorno, Theodor W., 62n
Amundson, Ron, 19n
Anscombe, Elizabeth, 57, 78n
Applebaum, Anne, 112n
Aquino. *Ver* Tomás de Aquino, Santo
Arendt, Hannah, 109-110
Aristóteles, 30, 82, 84-85, 91
Arnold, Matthew, 17
Aunger, Robert, 15n
Austin, J. L., 43, 71n
Averróis (Ibn Rushd), 42
Avicena (Ibn Sīna), 42
Axelrod, R., 12, 19

B
Beethoven, Ludwig van, 22
Bennett, Jonathan, 40
Bergson, Henri, 23
Block, Ned, 32n
Boécio, 63, 68
Bowlby, John, 10
Boyd, Robert, 39n

Brentano, Franz, 25, 33
Broome, John, 78n
Buber, Martin, 46
Buckley, Frank, 23
Buffon, Georges-Louis Leclerc, Conde de, 78
Burckhardt, Jacob, 67
Burke, Edmund, 102, 103
Butler, Joseph, Bispo, 53

C
Chisholm, Roderick M., 34n
Chomsky, Noam, 13, 40
Churchland, Paul, 36-37
Cohen, G. A., 19n, 20n
Confúcio, 102
Conrad, Joseph, 84
Cronin, Helen, 12n

D
Darwall, Stephen, 45-46, 94
Darwin, Charles, 10-13
Davidson, Donald, 59n

Dawkins, Richard, 13n, 15-17, 19, 22n
de Waal, Frans, 71n
Dennett, Daniel C., 16, 18, 33, 34
Descartes, René, 49, 50
Dickens, Charles, 85
Dilthey, Wilhelm, 24
Dostoievski, Fiodor, 115
Douglas, Mary, 73
Dutton, Denis, 56
Dworkin, Ronald, 94

E
Édipo, 72, 98, 105
Eichmann, Adolf, 110, 111
Eliot, T. S., 22, 104

F
Fārābī, al-, 42, 43
Fichte, Johann Gottlieb, 29, 31, 40, 49
Fisher, R. A., 12, 40
Foucault, Michel, 18
Frankfurt, Harry, 40
Freud, Sigmund, 10, 18, 23, 73, 98

G
Gauthier, David, 94
George, Robert P., 7
Gertler, Brie, 58n
Gescinska, Alicja, 7
Ghazālī, al-, 113
Giorgione, 64
Girard, René, 104-107
Goethe, Johann Wolfgang von, 108
Goodman, Lenn E., 42n
Grant, Robert, 7
Grice, H. P., 40

Griswold, Charles, 71n
Guilherme II, kaiser, 80

H
Hacker, Peter M., 60
Haidt, Jonathan, 55
Hamilton, W. D., 13n
Hare, R. M., 78n
Hegel, Georg Wilhelm Friedrich, 29, 31, 36, 40, 47, 49, 67, 90, 102, 103
Heidegger, Martin, 31
Hobbes, Thomas, 23
Homero, 25
Hume, David, 40n
Husserl, Edmund, 35, 50
Hutcheson, Francis, 40n

J
João Paulo II, papa (Karól Wojtyła), 22n
Jocasta, 98

K
Kant, Immanuel, 20-21, 28-29, 31, 40, 45, 49-50, 60, 63, 77, 83-84, 99, 101, 108n, 112
Kierkegaard, Søren, 113
Kitcher, Philip, 28n
Kolnai, Aurel, 96-97
Korsgaard, Christine, 83n

L
Langton, Rae, 62n
Lauder, George V., 19n
Legrand, Pierre, 72n
Lenin, V. I., 70, 111

Leslie, Alan, 35n
Lewis, David, 40
Linden, Eugene, 14n, 23n
Locke, John, 28-29, 63-64
Lomasky, Loren, 94
Lorenz, Konrad, 12, 13n, 70
Lucrécia, 54

M
MacFarquhar, Larissa, 86n
Maistre, Joseph, Conde de, 102, 103
Makkreel, Rudolf, 25n
Mao Tsé-tung, 80
Marx, Karl, 18, 62, 80
Maynard Smith, John, 12, 14n, 19
Midgley, Mary, 14n, 22n
Mill, John Stuart, 89
Miller, Geoffrey, 11, 55
Milton, John, 26, 43
Munday, Roderick, 72n

N
Nagel, Thomas, 31, 55n
Nietzsche, Friedrich Wilhelm, 27-28, 32, 104-105
Novalis (Georg Philipp Friedrich, Freiherr von Hardenberg), 113
Nozick, Robert, 53, 89, 93, 94
Nussbaum, Martha, 94

O
Orwell, George (Eric Blair), 111

P
Parfit, Derek, 64n, 76-78, 80, 85-86
Petrarca, Francesco, 69

Pinker, Steven, 11
Platão, 9, 27, 42, 55, 86, 113
Plessner, Helmuth, 23, 40
Posner, Richard, 97n
Price, G. R., 12
Primoratz, Igor, 97n

R
Rawls, John, 89, 94, 102
Raz, Joseph, 84n, 94
Richerson, Peter J., 39n
Ridley, Matt, Visconde, 13n
Roth D., 35n
Rousseau, Jean-Jacques, 103
Rückert, Friedrich, 61

S
Sartre, Jean-Paul, 27, 31, 40, 100-101, 111
Scanlon, Tim, 78, 94
Schopenhauer, Arthur, 23, 29, 31, 40n, 113
Schubert, Franz, 61
Searle, J. R., 60
Shaftsbury, John Ashley Cooper, terceiro Conde de, 40n
Shakespeare, William, 74, 109
Shoemaker, Sydney, 64
Siedentop, Sir Larry, 67n
Siger de Brabant, 43
Singer, Peter, 76, 80, 85, 93
Smith, Adam, 40n, 75
Smith, Barry, 34n
Soble, Alan, 97n, 98
Sófocles, 105
Soljenítsin, Aleksander, 111

Stalin, Josef, 111
Stangneth, Bettina, 111
Sterelny, Kim, 14n
Stove, David, 15n, 19n
Strawson, Sir Peter, 35n, 46, 81
Szathmáry, Eörs, 14n

T
Taylor, Charles, 48n
Tolstoi, Leon, 79
Tomás de Aquino, Santo, 28, 30, 43, 63, 68
Tomasello, Michael, 40
Tye, Michael, 32n

V
Valberg, J. J., 57n
Verdi, Giuseppe, 15

W
Wagner, Richard, 98, 115
Wallace, Alfred Russel, 10-11, 15, 18, 56
Wiggins, David, 29n
Williams, Sir Bernard, 72, 73
Wilson, David Sloan, 107n
Wilson, E. O., 21n
Wittgenstein, Ludwig, 32, 36, 47, 58, 60
Wollheim, Richard, 64n
Woods, Allen, 78n
Wynne-Edwards, V. C., 13n

Índice por assunto

A
altruísmo, 12-14, 20-21, 40
amor erótico, 9
animal versus pessoa, 21, 22ss., 35-38
apego (*attachment*), 10
argumento da linguagem privada, 32, 47-48
arrependimento, 70
arte, 17, 54-56
aspectos, 30-31, 36-37, 41-42, 64
atitudes proposicionais, 33-35
autoconsciência, 29, 31, 34, 39-40, 47-48, 49
autonomia, 83
autossacrifício, 9, 21

B
beleza, 95
biologia, 9-26, 30-33, 41-42, 43, 65, 112
bode expiatório, 105
Bom Samaritano, 86-87

C
cálculos de direitos e deveres, 87-91
caso de primeira pessoa, 38-39ss., 45-50, 57-59, 89-90
ciência versus cultura, 16-18, 21
common law, 74-75
comunidade, 67-68
comunitários, 89-90
consciência, 29ss.
consequencialismo, 75-77
contrato, 81, 102
contratualistas, 93-95, 107
coragem, 82-84
Cristianismo, 27
culpa, 26, 69-72, 81
cultura, 16-18

D
decisão, 75-77
descentramento, 60, 82, 83, 85, 90-91
desculpas, 71
desejo, 58, 100-101
deveres, 87-91

dilemas do bonde, 76ss., 79
dilemas, 76, 78-79
direitos e deveres, 87-91, 93-94
direitos e responsabilidades, 27-28
direitos naturais, 99
diversão, 22-23

E
emergência, 30-33, 35, 36ss.
escola de Frankfurt, 62
estância intencional, 34-35
estratégia evolucionariamente estável, 12-14, 20, 106-107
estupro, 54, 55, 97-99
ética da virtude 82-85, 90
Eu e Você, 45-59, 81ss., 90
evolução, 9-13, 14-16, 39-40, 51ss.
explicação funcional, 19-20, 26
explicação genealógica, 26-29, 32-34, 104-105
explicação, 24-25, 31, 41-43, 65

F
família, 102-103
fazer o bem, 85-87
fé, 41-43, 112-115
fenomenologia, 50, 100
fetichismo, 62
fraqueza de vontade, 59n

G
Geisteswissenschaften (ciências do espírito),41
genética, 12-18, 24-25, 29-40

H
heteronomia da vontade, 83
honra, 84-85

I
idealismo, 49-50, 63
identidade pessoal, 63-65
ideologia, 18
Iluminismo, 63, 74, 102
incesto, 55, 98, 106
individualidade, 68-69, 101
individualismo, 68ss.
indivíduo, o, 67-68
intenção, 57-59
intencionalidade extrapoladora, 57-60, 81, 112
intencionalidade, 25, 33-35, 41, 51-60

J
"Jellybismo", 85-87
justiça natural, 74-75
justiça, 87-91, 94

L
Lebenswelt (mundo da vida), 35
lei natural, 75
lei romana, 63
lei, 74-75, 103
liberdade transcendental, 60, 84
liberdade, 26-27ss., 46, 47-48, 60, 67-68, 87-91, 95, 111-112
libertários, 89
linguagem, 12-14, 40-46

M
mal, 95-96, 107-112

Manifesto Comunista, 80
materiais e coisas, 68-69
materialismo eliminativo, 36-37
memes e memética, 14-18
méritos, 87-91
moralidade deontológica, 75-77
moralidade sexual, 96-101, 106
moralidade, 12-14, 20-21, 26-29, 45-49, 65-115

O
ordem política, 103

P
perdão, 69-72, 113-114
persona, 63
personalidade, 36, 39
perversão, 54-55
pessoa enquanto espécie, 21, 26, 28-30, 36-39, 41, 87-91, 98
piedade, 102-103
poluição, 72-74, 96, 98, 105, 114
ponto de vista da segunda pessoa, 45-49, 50-51, 69
pornografia, 55, 62, 100
prazer estético, 52-53, 55-56
prazer, 51-56
prazeres intencionais, 52-53
previsão e decisão, 58-59
princípios "otimizados", 76, 79-80
privilégio de primeira pessoa, 48, 57-59
psicologia do senso comum, 36-37
psicologia evolucionista, 24-25, 39-40, 51-52, 54-56, 70, 98, 106-107
punição, 28, 70-71, 72, 106
puritanismo, 26

Q
qualia, 32n

R
racionalidade, 18
razões e causas, 31, 90
razões para ação, 45-49, 57-58, 59, 83, 90
recentramento, 60
reducionismo, 35, 43
relatório Kinsey, 98
religião, 17, 22, 42-43, 63, 73, 102, 104-105, 107, 112-115
responsabilidade, 35-36, 39, 46ss., 58, 59, 64, 73-74, 75, 81, 90
responsabilidade, 51, 59, 69-74, 82-83
ressentimento, 27-28
riso, 22-26
ritos de passagem, 104

S
sagrado, o, 95-96, 104-107, 112-115
seleção grupal, 13-14
seleção sexual, 9, 11-12
self e outro, 49-51
ser humano como um tipo natural, 26, 28, 42
ser humano e pessoa, 30-33, 63-65
sexo, 9, 53-55, 61, 96-99
sistemas intencionais, 33ss.
soberania do indivíduo, 74-75, 87-91, 99
sociobiologia, 21
subjetividade, 34, 38-39, 109
substância, 68-69
sujeito cartesiano, 31-32, 48-49

sujeito e objeto, 31-32, 48-50, 54-55, 60-62, 90
sujeito transcendental, 50, 57-59, 61, 82

T
tabu, 72-74
teleologia, 19
teoria dos jogos, 12-14, 19-20
tipos (*kinds*), 41-42, 68-69
tragédia, 72-74
transcendental, o, 112-115
Trindade, 63

V
verdade, 16-18, 42-43
Verstehen (entendimento, compreensão), 25, 41-43, 65
vício, 52
vício, 85
virtude, 84-85, 90
virtudes cardinais, 82

Z
Zeitgeist (espírito do tempo), 67

Este livro foi composto na tipografia Minion
Pro, em corpo 11/16, e impresso em
papel off-white no Sistema Cameron da
Divisão Gráfica da Distribuidora Record.